供养天人与化生

YUNGANG SHIKU
YISHU FENLEI QUANJI

云冈石窟艺术分类全集

云冈研究院 编

江苏凤凰美术出版社

图书在版编目（CIP）数据

云冈石窟艺术分类全集. 供养天人与化生 / 云冈研究院编. -- 南京 : 江苏凤凰美术出版社, 2025. 5.

ISBN 978-7-5741-3043-2

Ⅰ. K879.222

中国国家版本馆CIP数据核字第2025R6B401号

选题策划　毛晓剑
项目统筹　郭　渊
责任编辑　王左佐
项目助力　陆鸿雁
装帧设计　王　超
责任校对　刘秋文
责任监印　生　媛
责任设计编辑　郭　渊
特约审读　叶爱国

书　　名	云冈石窟艺术分类全集. 供养天人与化生
编　　者	云冈研究院
出版发行	江苏凤凰美术出版社（南京市湖南路1号　邮编210009）
制　　版	南京新华丰制版有限公司
印　　刷	南京爱德印刷有限公司
开　　本	718 mm × 1000 mm　1/8
印　　张	33.5
版　　次	2025年5月第1版
印　　次	2025年5月第1次印刷
标准书号	ISBN　978-7-5741-3043-2
定　　价	680.00元

营销部电话　025-68155675　营销部地址　南京市湖南路1号

江苏凤凰美术出版社图书凡印装错误可向承印厂调换

凡　例

一、《云冈石窟艺术分类全集》系列共有 13 册，按照题材分类，以摄影图片为主、文字介绍为辅，全面地展示了云冈石窟艺术。内容分别为：佛窟佛龛佛塔、佛陀造像、弥勒造像、菩萨造像、佛弟子与供养人、佛经故事、天夜叉与飞天、供养天人与化生、多头多臂神与金刚力士、乐伎与乐器、龙鸟狮象鹿、佛光宝冠珠、莲花忍冬树。

二、本系列记录的各洞窟编号以 1987 年国家公布的云冈石窟洞窟编号为标准。主要洞窟用“第 1 窟”“第 5 窟”“第 24 窟”等方式表达；双窟用“第 1、2 双窟”“第 5、6 双窟”“第 9、10 双窟”等方式表达；一组窟用“第 11、12、13 一组三窟”等方式表达；附属洞窟以“第 1-1 窟”“第 2-3 窟”“第 11-13 窟”等方式表达。

三、窟内壁面内容以上、中、下三个方位进行表述。

四、每册设置文论，对分类内容进行重点阐述，并对涉及的彩色图版加以说明。表述方位以龛像为主体，即龛像之左为读者之右、龛像之右为读者之左。

五、本系列成稿于 2024 年，因此书中“目前”“现在”“距今”等表述，均应以此时间为准。

六、提及历史纪年时，辛亥革命前用旧纪年方式，括注公元纪年；辛亥革命后按公元纪年。

七、引用历史文献或碑刻等文字，因原文残缺或记载不详造成缺字时，用一个“□”表示一个字；所缺字数不辨时，则用省略号表示。

《云冈石窟艺术分类全集》编撰委员会

主　　任：刘建勇　杭　侃

副 主 任：何建国

成　　员：闫　丁　卢继文　崔晓霞　张　焯

　　　　　王　恒　赵昆雨

《云冈石窟艺术分类全集》编辑部

主　　编：张　焯

副 主 编：王　恒　赵昆雨

编　　辑：王雁卿　员小中　王烜华　郭静娜

　　　　　文莉莉　张　洁　吴　娇　侯　瑞

　　　　　吴　洁　王　蓓　张轩鑫　周世茂

　　　　　王嘉琦

摄　　影：张海雁　员新华　张旭云

插图绘制：王　恒　王　娜　张建新　赵晓丹

目 录

总序

东方佛教的第一圣地

张 焯

《增一阿含经》中，佛为波斯匿王解梦曰："梦澄水四边清、中央浊者，当来众生非法欲行，常怀贪嫉，与邪法相应，中国众生好喜斗乱，边国人民无有诤讼也。……当来末世，法应如此。"按：《增一阿含经》，公元384年译于前秦长安；"中国"者，释迦牟尼生活的中印度之谓；波斯匿王请佛解梦故事，大约诞生于公元后的贵霜王朝。该故事虽系假托，却真实反映了当时中印度婆罗门教（印度教前身）依然强势，而佛法转往周边地区的历史现状，预言了佛教发展的趋向。大致而言，从佛陀涅槃后500年开始，印度佛教在异国他乡茁壮成长，不断掀起一个又一个高潮，创造出一次又一次的辉煌。在遥远的东方，公元5世纪北魏首都平城（今山西大同）佛教的兴盛与云冈石窟的开凿，便是西来像法在华夏大地奏响的一曲惊世乐章。

一、佛教东传的波浪式轨迹

从释迦牟尼创立佛教到他涅槃后的100多年间，佛教主要传播于印度的恒河中游一带。公元前3世纪中叶，摩揭陀国孔雀王朝的君主阿育王在统一印度的战争中，因杀戮过多，心生忏悔而皈依佛门。他巡礼佛迹，颁布敕令，广建塔寺，开凿石窟（图1），并在华氏城（今印度比哈尔邦的巴特那）举行了第三次佛典结集，印度佛教盛极一时。当时阿育王派遣出国传教的僧侣，足迹北达辛头河（今印度河）上游，南至师子国（今斯里兰卡）海岛。

以帕米尔高原为中心的中亚山区，扼东西交通要冲，既是印度河、阿姆河、锡尔河、塔里木河等大河的发源地，又是古代印度、波斯、中华、希腊、罗马等世界各大文明的交汇之所。在今天印度河上游的克什米尔、巴基斯坦、阿富汗的山间谷地，曾经沐浴着古印度文明的曙光；公元前4世纪末，马其顿国王亚历山大东征后，希腊文化又在这里生根发芽。阿育王所遣沙门宣讲的佛经故事，在感化了北印度居民的同时，也激发了犍陀罗（今巴基斯坦白沙瓦地区）、罽宾（即迦湿弥罗，今克什米尔地区）等地信众对佛陀神话与形象的新思维。

公元1世纪中叶，来自中国西北、君临大夏（希腊·巴克特里亚帝国，

图 1　阿旃陀石窟（吴健摄）

图 2　桑奇第一大塔（张焯摄）

今阿姆河上游）200 年的大月氏民族进一步强盛，建立了贵霜帝国，并在第三代国王迦腻色迦时达到极盛，向南迁都犍陀罗，疆域扩大至印度河与恒河流域。迦腻色迦是继阿育王之后，极力推广佛教的又一位国王。在他的支持下，佛教僧侣于迦湿弥罗城举行了第四次佛典结集，迦湿弥罗城遂成为大乘佛教的发源地。大乘佛学是以纯粹佛说掺和犍陀罗、罽宾、乌苌国等地的传说与魔术，连同希腊、罗马神像解释组成的一种超越恒河沿岸原始佛教的神学。为了取信于人，他们在北印度创建出许多佛迹：中印度有四大塔（图 2），北印度亦有四大塔；伽耶城有佛影，那竭城亦有佛影；那竭罗曷国界醯罗城有佛顶骨，弗楼沙国有佛钵（见《佛国记》《大唐西域记》）。同时，他们还编造出如来降伏恶龙、舍身饲虎、舍头施人、挑眼施鹰、割肉贸鸽、王射睒子等众多本生故事及其发生地（见《佛国记》《宋云行记》）。迦腻色迦王振兴佛法的愿望与行动，使犍陀罗变成了恒河流域之外的第二个佛教圣地。

大乘佛教在犍陀罗的流行，一改自阿育王以来，用宝座、脚印、圣树、佛塔、石柱、莲花、大象、雄狮、鹿等形象暗喻佛祖的传统，首次将佛陀绘画、雕塑为人形，从而宣布了佛教像法时期的来临（图 3~图 6）。这时，大量的佛陀、弥勒、本生故事都用当地一种青灰色片岩雕刻，也用灰泥、石膏制作雕塑和浮雕。佛陀神态矜持，拥有令人喜爱的阿波罗型面容，或立或坐，始终穿着轻柔的内衣和僧袍。菩萨身上佩戴着各种珠宝饰物，脚穿雅典式的缀宝凉鞋，与佛陀区别开来。这时期以希腊化为特征的犍陀罗佛教艺术走向鼎盛。贵霜王朝统治下的恒河流域，受犍陀罗的影响，马土拉艺术创造出大量精美的红、黄砂岩佛教雕像。佛陀如沙门，身体壮硕；菩萨戴宝冠，略带微笑。到了公元 4 世纪后的印度笈多王朝，上述两种艺术进一步融合，突出表现为湿衣贴体和双目低垂的笈多式佛像艺术。

新疆是佛教东传的第一站。印度僧侣越过葱岭，最初进入新疆，应在公元前。迦腻色迦时代，佛陀的教法在北印度放射出的万丈光芒，首先照亮了整个中亚山川，佛法东传势力转强。从东汉明帝时洛阳白马寺僧摄摩腾、竺法兰翻译的《四十二章经》小乘教义，到安世高小乘禅学、支谶与竺佛朔大乘禅观的输入，可见公元 1 世纪至 2 世纪中华佛教秉承西学的确凿史迹；从朱士行西天取经，到鸠摩罗什、法显传记所展现的西域诸国，可见公元 3 世纪至 4 世纪的新疆佛教发展如日中天。尽管现在我们对佛教征服新疆的足迹了解得并不清晰，但新疆佛法早于汉地应是无可置疑的。大约先是小乘佛教遍行南疆，然后才是大乘佛学的异军突起。与此同时，龟兹（今库车）、焉耆、鄯善（今若羌）、且末等国俱行小乘；于阗（今和田）、子合（今叶城）、

图3　犍陀罗佛像头部（［日本］栗田功《犍陀罗美术Ⅱ》英文版，二玄社，2003年）

图4　犍陀罗菩萨立像（［日本］栗田功《犍陀罗美术Ⅱ》英文版，二玄社，2003年）

图5　犍陀罗坐佛像（［日本］栗田功《犍陀罗美术Ⅱ》英文版，二玄社，2003年）

图6　给孤独长者奉献祇园图（［英国］约翰·马歇儿著、王冀青译《犍陀罗佛教艺术》，甘肃教育出版社，1989年）

沙勒（即疏勒，今喀什）等国多有大乘。这些地区兴建塔寺、营造石窟、顶戴佛钵（在沙勒）、讲经说法、行像散华，呈现出一派佛土庄严的景象。犍陀罗佛教艺术的源源而至，促进了新疆各城邦的文化繁荣。由于当地石材的缺乏，泥塑、壁画、木雕构筑起新疆佛教的艺术大厦。新疆因佛教的昌盛，成为引领汉地佛教走向辉煌的灯塔。

中华佛教始传于东汉，酝酿于魏晋，勃兴于十六国，鼎盛于南北朝，成熟于隋唐，复兴于宋辽金元，衰落于明清。其间，十六国、南北朝是关键。佛教西来的途径有二：西南海路与西北陆路，然以丝绸之路为主线。如果说公元前后大月氏、贵霜的僧人东游弘法，走的是一条回乡之路的话；那么公元 4 世纪以后佛教在中华大地上的开花结果，实得益于五胡十六国时期民族大迁徙的历史机缘。

东汉时期，佛教虽传中土，但朝廷以其为西戎之神，唯听西域人立寺都邑，汉人皆不得出家。魏晋以后，法禁渐弛。西晋末年，天下大乱，来自华夏西、北的匈奴、鲜卑、羯、氐、羌等少数民族纷纷建立政权，逐鹿中原。佛教作为胡教，不但被各胡族统治者立为国教，以“助王政之禁律，益仁智之善性”（《魏书·释老志》，下引该志不再注明），而且成为颠沛流离、苦难深重的华夷百姓维生系命的精神依托。首先提倡佛教的是后赵羯族皇帝石勒、石虎。他们敬奉西域高僧佛图澄为“大和尚”，佛图澄因此广建伽蓝，说法授徒，参咨国政。石虎公然宣称：“朕生自边壤，君临诸夏；佛是戎神，正所应奉。其夷、赵百蛮，有舍其淫祀，乐事佛者，悉听为道。”“于是中州胡、晋略皆奉佛。”（《高僧传·竺佛图澄》）中原佛教迎来了第一次短暂的高潮，佛陀救世思想深入人心。随后的前秦氐族皇帝苻坚、后秦羌族皇帝姚兴相继崇法，释道安、鸠摩罗什、佛驮跋陀罗等大师辈出，译经讲论、立戒修禅，一时间长安成为中原佛教的中心。大约与此同时，西秦乞伏氏政权与北凉沮渠氏政权，亦将陇右、河西佛法推向了高峰。佛教信仰成为中国社会不可逆转的时代潮流。

北魏王朝的建立者拓跋鲜卑，族源来自大兴安岭深处，东汉后期游牧塞北，魏晋之时部落始大。在五胡争霸之余，拓跋鲜卑担负起收拾中原残局的历史使命。398 年，道武帝拓跋珪定都平城，建立北魏；439 年，太武帝拓跋焘统一中国北方；448 年，征服西域（今新疆）；494 年，孝文帝拓跋宏迁都洛阳；534 年，北魏分裂为东魏、西魏，不久，分别被北齐、北周取代。拓跋鲜卑原本不知有佛，然从平城到洛阳，却因礼佛近乎痴狂，所以北齐魏收撰《魏书》，独创《释老志》以述其事云：“魏有天下，至于禅让，佛经流通，大集中国，凡有四百一十五部，合一千九百一十九卷。正光已后，天下多虞，三役尤甚，于是所在编民，相与入道，假慕沙门，实避调役，猥滥之极，自中国之有佛法，未之有也。略而计之，僧尼大众二百万矣，其寺三万有余。流弊不归，一至于此，识者所以叹息也。”与此同时，江南的梁武帝萧衍也因佞佛身丧国亡，留给后人“南朝四百八十寺，多少楼台烟雨中”之类的伤感。中华佛教盛极而悲。

二、云冈石窟开凿的历史因缘

云冈石窟位于大同城西 16 公里的武州山南麓，武州川（今十里河）北岸。北魏旧称“武州山石窟寺”或“代京灵岩寺”。石窟倚山开凿，东西绵延约 1 公里。现存大小窟龛 254 个，主要洞窟 45 座，造像 59000 余尊（图 7）。石窟规模宏大，造像内容丰富，雕刻艺术精湛，形象生动感人，堪称中华佛教艺术的巅峰之作，代表了公元 5 世纪世界雕刻艺术的最高水平。

关于云冈石窟的开凿，《释老志》记述如下：“和平初，师贤卒。昙曜代之，更名‘沙门统’。初，昙曜以复佛法之明年，自中山被命赴京，值帝出，见于路，御马前衔曜衣，时以为马识善人。帝后奉以师礼。昙曜白帝，于京城西武州塞，凿山石壁，开窟五所，镌建佛像各一。高者七十尺，次六十尺，雕饰奇伟，冠于一世。”文中提及的武州塞，位于云冈石窟西崖之北，赵武灵王以来一直是蒙古高原进入汉地的交通要塞。武州山的主要构造为砂岩，是西来佛徒熟悉的雕刻石材。昙曜建议开凿的五座佛窟，即今云冈第 16 窟至第 20 窟，学者谓之“昙曜五窟”。周一良《云冈石佛小记》曰：“惟昙曜在兴安二年（453）见帝后即开窟，抑为沙门统之后始建斯议？不可晓。要之，石窟之始开也，在兴安二年至和平元年（460）之八年间。”

图 7　云冈石窟全景（［日本］水野清一、长广敏雄《云冈石窟》第一卷，京都大学人文科学研究所云冈刊行会，1952 年）

昙曜五窟的开凿，掀起了武州山石窟寺建设的热潮。从文成帝开始，经献文帝、冯太后，到孝文帝迁都，皇家经营约40年，完成了所有大窟大像的开凿。同时，云冈附近的鹿野苑石窟、青磁窑石窟、鲁班窑石窟、吴官屯石窟、焦山寺石窟等也相继完成。其间，广泛吸收民间资金，王公大臣、各地官吏、善男信女纷纷以个人、家族、邑社等形式参与石窟建造，或建一窟，或造一壁，或捐一龛，或施一躯，遂成就了武州山石窟寺的蔚然大观。迁都之后，武州山石窟寺建设仍延续了30年，直到正光五年（524）六镇起义的战鼓响起而停止。

云冈石窟的诞生并非偶然，它是诸多历史必然性的归结。

第一，礼帝为佛的新思维，是引领北魏佛教兴盛的法宝。道武帝建都平城，“始作五级佛图、耆阇崛山及须弥山殿，加以绘饰。别构讲堂、禅堂及沙门座，莫不严具焉”。大约与此同时，任命赵郡（今河北赵县）高僧法果为道人统，编摄僧徒。“法果每言，太祖明睿好道，即是当今如来，沙门宜应尽礼，遂常致拜。谓人曰：‘能鸿道者人主也，我非拜天子，乃是礼佛耳。’”在此之前，西域胡僧入华，奉敬其佛，无须礼拜皇帝。而东晋十六国以后，出家汉人成为主流，原本是天子的臣民，现在变为释迦的门徒；因此沙门拜不拜皇帝，即是否承认和接受国家管理，成为南北佛教必须回答的问题。对此，隐居庐山的慧远大师著有《沙门不敬王者论》，代表了南方释子的立场；法果的言行，则表明了北方僧人的态度。同为佛图澄的再传弟子，他俩选择的方式截然相反，南北佛教所走的路也明显不同。法果所言，虽涉阿谀，又似诡辩，汲取的却是佛图澄依国弘法、以术干政的成功经验，遵循的竟是释道安“不依国主，则法事难立”的名训。盖佛教离不开人主，人主也需要神化。法果将帝佛合一，提出皇帝就是当今如来（活佛）的新理论，巧妙地将释迦信徒转回到天子门下，迎合了最高统治者的心理需求，使宗教行为上升为国家意志，从而奠定了北朝佛教鼎盛的基础。后来的北魏僧统师贤为文成帝立像“令如帝身”，昙曜在武州山为五位皇祖开窟造像，实属法果理论的再创造和付诸实践。武州山石窟寺因此被列入皇家工程，成为几代皇帝建造家庙的自觉行动。

第二，平城佛教中心的形成，使大规模像教建设成为可能。从道武帝建国到太武帝结束北方群雄割据的局面，北魏推行的掠夺与徙民政策，使平城这座昔日的边陲小县迅速跃升为北中国政治、军事、经济和文化中心。随后对西域的征服，又将平城推向了东方国际大都市的新高峰。在各国各地贵族官僚、儒道沙门、能工巧匠、租赋商贩、金银财富汇聚平城的同时，佛教信仰也日益升温。特别是北魏太延五年（439）灭北凉，《释老志》称：“凉州自张轨后，世信佛教。敦煌地接西域，道俗交得其旧式，村坞相属，多有塔寺。太延中，凉州平，徙其国人于京邑，沙门佛事皆俱东，象（像）教弥增矣。”凉州（治姑臧，今甘肃武威）所辖河西走廊，自古是中西文化交融之地，也是西域胡僧进入中土的第一站。4世纪初，张轨任凉州刺史，河西奉佛已成民风。417年，东晋大将刘裕攻灭姚氏后秦，长安僧众四散奔逃，河西佛教遂为中华一枝独秀。太武帝徙凉州吏民三万户（包括参与守城被俘的三千僧人）于京城，如同河西佛教整体“搬迁”，平城随即成为中华佛教的新中心。曾经目睹天竺、西域佛事，参与敦煌莫高窟、武威天梯山、永靖炳灵寺、天水麦积山等河陇石窟开凿、禅修的凉州匠僧，成为未来平城佛寺与石窟寺建设的主力。

第三，太武帝灭佛，从反方向刺激了北魏佛教的迅猛发展。凉州僧团的东迁，在促成平城佛教骤盛的同时，也引发了中国历史上第一次佛道之争。受嵩山道士寇谦之、司徒崔浩的影响，太武帝于太平真君七年（446）诏令灭法。一时间，北魏民间“金银宝像及诸经论，大得秘藏。而土木宫塔，声教所及，莫不毕毁矣”。然而，毁之愈烈，求之弥切。兴安元年（452），文成帝拓跋濬即位甫尔，在群臣的请求下，宣令复法。“方诏遣立像，其徒惟恐再毁，谓木有时朽，土有时崩，金有时烁，至覆石以室，可永无泐。又虑像小可凿而去，径尺不已，至数尺，数尺不已，必穷其力至数十尺。累数百千，而佛乃久存不坏，使见者因像生感。”（朱彝尊《云冈石佛记》）于是乎，昙曜五佛应运而出。

第四，追仿释迦鹿苑旧事，再造东方佛教圣地。鹿苑，即鹿野苑，释迦牟尼“初转法轮”的说法成道处，在今印度贝拿勒斯城郊。北魏鹿苑，在平城皇宫以北，道武帝天兴二年（399）起筑苑墙，“东包白登，属之西山”（《魏书·高车传》）。苑之西山，道武帝拓跋珪时，封山禁樵；明元帝拓跋嗣时，奉武州山为神山，筑坛祭祀；太武帝平定凉州以后，逐渐成为西来沙门采石雕佛、开窟修禅之所。于是平城鹿苑与印度鹿苑，在凉州僧众的心目中自然成双，产生共鸣。特别是昙曜五佛的横空出世，极大地鼓舞了年轻的献文帝拓跋弘，坚定了他追仿西天胜迹，建立东方鹿野苑的信心。高允《鹿苑赋》云：“暨我皇之继统，诞天纵之明睿；追鹿野之在昔，兴三转之高义；振幽宗于已永，旷千载而有寄。于是命匠选工，刊兹西岭；注诚端思，仰模神影；庶真容之仿佛，耀金晖之焕炳。即灵崖以构宇，竦百寻而直上；絙飞梁于浮柱，列荷华于绮井。图之以万形，缀之以清永；若祇洹之瞪对，孰道场之途迥。嗟神功之所建，超终古而秀出。”武州山石窟寺建设全面展开。

第五，西风东渐，共铸辉煌。北魏对西域的征服，直接迎来了我国历史上第二次东西文化交流的高潮。作为丝绸之路东端的大都会，平城迅速成为

图 8　新疆泥塑菩萨头像（穆舜英等《中国新疆古代艺术》，新疆美术摄影出版社，1994 年）

图 9　新疆泥塑飞天（新疆文物局等《新疆文物古迹大观》，新疆美术摄影出版社，1999 年）

胡商梵僧云集之地。印度石窟造像之风，经由新疆，波及河西、关陇，至平城而特盛，进而流布中华。武州山石窟寺的创作，最初是凉州僧匠带来了西域风格的佛教造像艺术（图 8、图 9），然后是古印度、狮子国、西域诸国的胡沙门带着佛经、佛像和画本，随商队、使团而至，再后是昙曜建议征集全国各地的宝像于京师，最后是徐州僧匠北上主持云冈佛事。一代代、一批批的高僧大德、艺匠精工，共同设计、共同制作，创造出了云冈石窟一座座旷世无双的佛国天堂。

作为新疆以东最早出现的大型石窟群，武州山石窟寺的壮丽与辉煌，震惊当世，同时，它也成为引领和推动北朝石窟佛寺建设高潮的样板。云冈向东的辽宁义县万佛堂石窟；向南的河南洛阳龙门石窟、巩县（今巩义市）石窟，山西太原天龙山石窟，河北邯郸响堂山石窟等；向西的甘肃泾川南石窟寺、庆阳北石窟寺、天水麦积山石窟寺、永靖炳灵寺、敦煌莫高窟等，无不受其影响。从北魏昙曜开窟至初唐道宣遥礼，近 200 年间，无论政治风云如何变幻，代京灵岩始终是中华僧徒心中的圣地。云冈石窟的开凿对华夏石窟寺的推广、雕刻艺术的发展，产生了深远的影响。

三、东方佛教艺术的旷世绝唱

关于云冈石窟的艺术源流，100 多年来中外学者论述颇丰：有埃及影响说、希腊影响说、拓跋氏影响说，还有犍陀罗艺术、马土拉艺术、笈多艺术、西域（新疆）艺术输入说等。其中，以犍陀罗艺术、马土拉成分、新疆风格等观点最为流行。北魏文成帝“太安初，有师子国胡沙门邪奢遗多、浮陀难提等五人，奉佛像三，到京都。皆云，备历西域诸国，见佛影迹及肉髻，外国诸王相承，咸遣工匠，摹写其容，莫能及难提所造者，去十余步，视之炳然，转近转微。又沙勒胡沙门，赴京师致佛钵并画像迹”。上述记载表明，平城、云冈佛像与印度、新疆艺术有着一定的传承关系。然而，考察犍陀罗、马土拉佛教造像，我们总会产生一种似是而非的困惑，因为实在找不到多少与云冈石窟完全相同的东西。而那些造型、气韵、时尚方面的差异，显然表明彼此之间存在文化、艺术关系的断裂，或存有阙环。相反，对新疆早期佛教遗存的观摩，则令我们倍感熟悉和亲切。这种亲近的感受，来自库车克孜尔石窟，也来自新疆遗存的中心方塔式佛殿，更来自塔里木盆地南北那种拓制便利、样式纷繁、面如满月、充满异国情调的黄泥塑像（图 10）。

从佛法东传的时代背景分析，凉州僧匠最初带到平城的只能是凉州模式或西域模式，而凉州模式实际上就是西域南北两道佛教的混合艺术。新疆式的犍陀罗艺术甚至马土拉艺术，移花接木般地在云冈石窟翻版，应当属于历史的必然，尤其是大乘佛教盛行的于阗、子合等地的像法。从云冈石窟的工程本身分析，凉州僧匠是规划设计的主体，其所依凭的佛像、画本及造像法则，无论直接还是间接模仿西域，设计蓝图是经过北魏皇帝、有司会审批准的，鲜卑族与汉族的审美愿望自然渗透其中。开凿洞窟的工匠，部分是凉州僧人，主体是来自中原各地的汉人，因而大量运用的是中国传统的雕刻技艺和表达方式。我们讲西式设计与中式技艺是云冈的最大特点。当然，越往后，中华传统的分量越重，自主创新的意识越强。这就是云冈造像艺术并不简单雷同于印度、中亚、新疆的原因（图 11、图 12）。

图 10　北魏泥塑头像（云冈研究院、山西省考古研究院、大同市考古研究院《云冈石窟山顶佛教寺院遗址发掘报告》下，文物出版社，2021 年）

图 11　北魏太平真君五年（444）朱业微石佛（河北蔚县博物馆藏）

图 12　北魏菩萨头像（大同铁牛里出土，李慕白摄）

作为西来像法在中华大地绽放出的第一朵奇葩，云冈石窟一改葱岭以东石窟寺以泥塑、壁画、木雕为主的艺术模式，直接比照印度的大型石窟建筑，在东方首次营造出气势磅礴的全石雕性质的佛教石窟群；同时，广泛吸收中外造像艺术精华，兼容并蓄，融会贯通，成为中国早期佛教艺术的集大成者。云冈石窟的开凿大致分为三期，即三个阶段。早期为文成帝时开凿的昙曜五窟；中期为献文帝、冯太后、孝文帝时皇家营造的大窟大像；晚期为迁洛后民间补刻的窟龛。云冈造像分为两类：前则西域风格，后则华夏新式。它集中展现了西来像法逐步中国化、世俗化的演进过程，堪称中华佛教艺术发展的里程碑。

昙曜五佛是云冈石窟的典型代表，也是西域造像艺术东传的顶级作品。大佛身着的袈裟，或披或袒，衣纹厚重，似属毛纺织品，这无疑是中亚山间牧区国家的服装特征。大佛具高肉髻，方额丰颐，高鼻深目，眉眼细长，嘴角上翘，大耳垂肩，身躯挺拔、健硕，神情庄严而又和蔼可亲，气度恢宏。诚如唐代道宣大师所云：“造像梵相，宋、齐间，皆唇厚、鼻隆、目长、颐丰，挺然丈夫之相。”（《释氏要览》卷二）特别是第 20 窟的露天大佛（图

13），法相庄严，气宇轩昂，充满活力，将拓跋鲜卑的剽悍与强大、粗犷与豪放、宽宏与睿智的民族精神表现得淋漓尽致、出神入化，给人以心灵的震撼。而第18窟主尊大佛两侧的十位弟子，相貌、神态各异，均为西方人种，具有显著的西域特征。

献文帝继位（465）后，对武州山石窟工程进行了重新部署，建设规模扩大化、洞窟形制多样化、图像内容多元化的步伐加快。迄孝文帝太和十八年（494）迁都洛阳，云冈石窟的建设达到鼎盛。这一时期开凿完成的洞窟，有第7、8双窟，第9、10双窟，第1、2双窟，第5、6双窟四组双窟和第11、12、13一组三窟（图14），还有未完工的第3窟。洞窟形制上，不仅有穹隆形，还出现了方形中心塔柱窟及前后殿堂式洞窟。佛龛造型上，不仅有圆拱龛、盝形龛、宝盖龛，又增加了屋形龛、帷幔龛和复合形龛等。平面方形洞窟较早期穹隆形洞窟而言，雕刻面积大幅度增加，雕刻内容与形式也变得复杂起来。洞窟的顶部多采用平棋藻井式雕刻；壁面的雕刻，采取了上下重层、左右分段的方式。这一时期的造像题材，虽仍以释迦、弥勒为主，但雕刻内容不断增加，依凭的佛经明显增多，普遍流行的是释迦说法或禅定龛像、释迦与多

图13　云冈石窟第20窟露天大佛（［日本］水野清一、长广敏雄《云冈石窟》第十三、十四卷，京都大学人文科学研究所云冈刊行会，1954年）

图14　五华洞外景（［日本］水野清一、长广敏雄《云冈石窟》第六卷，京都大学人文科学研究所云冈刊行会，1951年）

宝并坐龛像、七佛造型、维摩与文殊问答图像，以及着菩萨装或佛装的交脚菩萨龛像等。护法天神像，开始雕刻在门拱两侧；佛本生、佛本行故事龛和连幅画，出现在壁面最直观的位置；作为出资者的供养人形象，以左右对称排列的形式出现在壁龛的下方，佛塔、廊柱、庑殿等建筑造型跃然而出；飞天、比丘、力士、金刚神、伎乐天、供养天千姿百态；各种动物、花纹图案争奇斗妍。至此，云冈艺术宝库真容毕具。

第 7、8 双窟是云冈最早的双窟，窟顶用莲花与飞天装饰的平棋藻井，赋予中国传统建筑样式以佛国仙境般的浪漫。第 7 窟门拱两侧的三头四臂神像，头戴尖顶帽，极具中、西亚特征。第 8 窟门拱两侧的造像分别为三头八臂、骑牛的摩醯首罗天，五头六臂、乘鸟的鸠摩罗天，其形象源于古印度神话中的天神湿婆和毗湿奴，他俩一位可以毁灭宇宙，另一位则能够创造世界。这种将婆罗门教大神转化为佛教护法神的现象，是印度密教思想的反映，完全属于西来像法，为中西石窟寺的绝版遗存。第 9、10 双窟是中国传统的殿堂式建筑，但其窟外前庭由雄狮、大象驮起的廊柱和建筑造型构成，混合兼备古印度、希腊、罗马建筑艺术风格；后室门廊两侧头顶羽冠的金刚天王，威武勇猛，是云冈双窟护法像中的典型。第 5、6 双窟规模宏大，前者为大像窟，主尊高约 17.4 米，为云冈佛像之最；后者为塔庙窟，设计完整，雕刻纷繁，尤以描述释迦牟尼生平故事的系列浮雕连幅画著称于世。第 12 窟亦为廊柱式殿堂窟，俗称“音乐窟”，其前室北壁上方的伎乐天手持各种东西方乐器，宛若一支“交响乐团”，是研究我国古代音乐史的珍贵素材。这些富丽堂皇的洞窟建筑、绚丽多彩的石刻艺术、惊世骇俗的伟大创造，是中华民族奉献给全世界的不朽杰作。

云冈石窟的中期建设，受到了北魏社会弥勒信仰和西方净土思想的影响，竭力营造一种人间的“兜率天宫”。同时，这一时期也是一个继往开来的蓬勃发展阶段。一方面是西来之风不断，胡风胡韵依然浓郁，占据着主导地位；另一方面是中华传统势力抬头，汉式建筑、服饰、雕刻技艺和审美情趣逐渐显露。我们能够感觉到，早期云冈佛陀、菩萨等造像的雕琢，主要模仿的是新疆泥塑。那些形象多样的悬挂式低温黄陶影塑，当时已在平城附近大批量生产，并用来装潢佛塔、寺院，这为云冈雕刻提供了大量鲜活的样本。与早期造像相比，中期造像健硕、美丽依旧，但似乎逐渐丧失了内在的刚毅与个性，雕刻如同拓制泥塑一样程式化了。大像、主像和重要造像的雕琢是精细的，普通的造像略显草率，工匠洗练的刀法仿佛于漫不经心间流淌出来，反而给人以自由、活泼、奔放的感觉。部分佛像开始变得清秀，面相适中；佛衣除了袒右肩式、通肩式袈裟之外，出现了“褒衣博带”样式。菩萨的衣饰也发生了变化，头戴的除宝冠外，又流行起花鬘冠；身佩璎珞、斜披络腋转变为身披帔帛；裙衣贴腿转变为裙裾张扬。这些佛装、菩萨装向着汉族衣冠服饰转化的倾向，显然是太和十年（486）后孝文帝实行服制改革、推行汉化政策的反映。由此，填补了我国南北朝佛教艺术从“胡貌梵相”到“改梵为夏”的演变过程的空白。

在云冈石窟中，汉民族意识的觉醒，我们说不清经历了多长时间。但是，深受西域佛教、像法影响的凉州僧团的领导地位，大约从太和五年（481）便开始动摇了。太和五年后，徐州义学高僧接受孝文帝的邀请，率徒北上，“唱谛鹿苑，作匠京缁”（《广弘明集·元魏孝文帝为慧纪法师亡施帛设斋诏》），代京平城的佛学风气为之一变。至太和十三年（489），褒衣博带、秀骨清像登上了云冈第11窟外壁的佛龛，并从此成为时尚。如果说云冈第6窟中最早出现的褒衣博带式佛像尚未脱离“胡貌梵相”，那么第11、12、13一组三窟外壁众多龛洞的造像则是完全“改梵为夏”了。

孝文帝迁都洛阳后，平城依然为北魏帝国的北都，云冈的皇家工程基本结束，但民间盛行的开窟造像之风尤烈。尽管大窟减少，但中小窟龛却自东迄西遍布崖面。这些数量众多的晚期洞窟，类型复杂，式样多变，洞窟内部日益方整。塔窟、四壁三龛及重龛式的洞窟，是这一时期流行的窟式。造像内容题材趋于模式化、简单化。佛像一律褒衣博带，面容消瘦，细颈削肩，神情显得缥缈虚无；菩萨身材修长，帔帛交叉，表情孤傲。这些造像给人以清秀俊逸、超凡脱俗的感觉，显然符合中国人心目中对神仙形象的理解。造像衣服下部的褶纹越来越重叠，龛楣、帐饰日益繁杂，窟外崖面的雕饰也越来越繁缛。上述风格与特征，与龙门石窟的北魏造像同出一辙，标志着中华民族对西来佛教像法的引进与吸收过程的初步终结。

四、平城时代对中国佛教的重大贡献

北魏定都平城的97年，是中国佛教成长壮大、方兴未艾的关键时期。除了云冈石窟对于后世石窟建设、美术发展的影响之外，此间引进、形成、确立、巩固的佛学思想及僧官体制、僧尼制度、寺院经济模式，对后世佛教的发展也影响深远。

（一）佛教为统治者服务思想的确立

汤用彤《汉魏两晋南北朝佛教史》说：“盖释迦在世，波斯匿王信奉三宝，经卷传为美谈。其后孔雀朝之阿输迦，贵霜朝之迦腻色迦，光大教化，释子推为盛事。”可见，佛教与政治联姻由来已久。《付法藏因缘传》记迦那提婆在南天竺传教时讲：“树不伐本，枝条难倾；人主不化，道岂流布？”这种依靠国王弘扬佛法的思想，远早于释道安“不依国主，则法事难立”的感悟，应属佛教传统。然而，佛教传入中华，汉魏以来有明确的法令限制：汉人不得为僧，朝廷不礼胡神。因此那些随商旅而至的胡沙门，只能以江湖医巫、打卦算命、祭神祈雨等方式，在民间缓慢传播；佛教只能隐没其助国兴善的大智略，依托黄老、玄学而后行。这样形同方术、潜移默化的过程，持续了三个多世纪，直到后赵石氏率先奉佛。佛图澄是促成佛教与中原政权结合的第一人，《高僧传》云：“受业追游，常有数百，前后门徒，几且一万。所历州郡，兴立佛寺八百九十三所。弘法之盛，莫与先矣。”后赵虽系短命王朝，中土佛教信仰却从此蔚然成风。北魏法果在佛图澄死后 30 多年入道，其师承何人不详，但传习的不外乎佛图澄的教法。法果礼帝为佛的弘法思想，祖承佛图澄经验，契合释道安名训，明确了佛教为最高统治者服务的方针。所以，后来文成帝在复法诏书中，对如来功德予以充分肯定：“助王政之禁律，益仁智之善性，排斥群邪，开演正觉。”佛教因此被纳入封建政治体系中，成为中华王朝始终奉行的统治术之一。法果“帝佛合一”的思想，亦为后世佞佛帝王所因袭。武则天自谓弥勒下生，广树大像；明武宗自称“大庆法王西天觉道圆明自在大定慧佛”，可谓一脉相承。

（二）僧官制度的形成与《僧制》的颁行

北魏道武帝任命法果“为道人统，绾摄僧徒”，是正史记载佛教设官之始，标志着中华佛教走出低迷，从此步入上层建筑。文成帝和平初年（460），改道人统为沙门统。当时由于京城僧侣既多，又设都维那，作为沙门都统之副贰。另外，在朝廷设立监福曹，管理全国佛教事务；在州镇、畿郡亦设僧统、维那，管辖属地僧尼。其寺院仿效西域故事，设立维那、上座、寺主，所谓“三纲”。孝文帝时，受太和五年（481）法秀谋反的影响，一方面加强僧籍管理，限制僧人游方，禁止私度僧尼；另一方面改监福曹为昭玄，备有官属，以断僧务。特别是太和十七年（493）“诏立《僧制》四十七条”，从法律上宣告了中国僧尼制度的诞生。这是迄今我们知晓的第一部国家颁行的僧尼法典，既不同于古印度阿育王石柱敕令，也不同于释迦牟尼以来天竺僧团自行规定的戒律（传至中华有五部律）。一则表明僧尼作为一个特殊的社会群体，正式获得了国家的承认；二则表明这种承认是有条件的，必须服从国家法律。

“世宗即位，永平元年秋，诏曰：缁素既殊，法律亦异。……自今已后，众僧犯杀人已上罪者，仍依俗断，余犯悉付昭玄，以内律、《僧制》治之。”可见，北魏僧尼外遵国典，内奉戒律、僧制，享有一定的独立权利。北魏平城时代确立的僧官、僧制模式，尽管今天我们尚未完全明晰，但其作为隋唐制度的渊源则没有疑义。

（三）寺院经济的诞生与独立发展

印度佛教僧侣最初的生活方式，主要是沿街乞食与信徒施舍。后来随着佛教影响力的扩大，寺院逐渐拥有了自己的依附人口和固定的经济收入。北魏太武帝平凉州，僧众被俘、迁徙于京师，经历了一段艰难困苦的时期。迨文成复法，京邑、地方纷纷造寺度僧，特别是武州山等石窟寺的开凿，集中了大批的僧侣、工匠。如何解决僧人用粮、寺院用工，自然成为沙门统昙曜必须从长计议的问题。于是，“昙曜奏：平齐户及诸民，有能岁输谷六十斛入僧曹者，即为‘僧祇户’，粟为‘僧祇粟’，至于俭岁，赈给饥民。又请民犯重罪及官奴以为‘佛图户’，以供诸寺扫洒，岁兼营田输粟。高宗并许之。于是僧祇户、粟及寺户，遍于州镇矣”。按：僧祇，即僧尼大众；僧祇户，乃依附于僧众的人户；僧祇粟，即供养僧众的粟米；佛图户，即寺户，是专为佛寺僧众提供杂役的奴婢，如同西域佛寺中的净人。佛图户与僧祇户、粟的出现，保障了北魏沙门佛事之需，是中国寺院经济形成与独立的标志。至唐代，寺院、道观依然有两种贱民，一曰部曲，二曰奴婢，与北魏时异名而同实。这种新兴的寺院经济，凭借着政治、经济上的治外法权，成为中国地主庄园经济的一种特殊形式，与封建社会相始终。

（四）僧团政治核心的形成与传承

魏晋特别是南北朝时期，中国佛教渐趋成熟，无论是经、律、论三藏之学，还是僧尼的政治、经济地位，都处于上升阶段。北方重禅业，南方尚讲经，弘法的方式虽有差异，但分别教派、扩张力量、追逐名利的情形却是相同的。北魏太和年间，坐禅的凉州僧与讲经的徐州僧在平城相遇，可以说是南北佛教势力首次大规模的交锋。尽管我们现在对其详情不甚明了，但完全可以想见，徐州高僧后来居上，对凉州旧僧形成了压力，引起其失落之感。学术之异、政治之争，导致双方严重对立，矛盾与冲突在所难免。这场斗争，从平城开始，以凉州系与徐州系划分。北魏迁都洛阳之后，以禅僧与讲僧区别，一直延续至隋唐不息。《洛阳伽蓝记》卷二载有一则故事：孝昌元年（525），崇真寺比丘惠凝死而复活，讲述他在阎罗王处，看到阎王判禅诵僧升天堂，讲经僧入黑门地狱。灵太后闻知后，“即请坐禅僧一百人，常在殿内供养之。……自此以后，京邑比丘悉皆禅诵，不复以讲经为意”。按：惠凝之说，盖系坐禅派僧徒编造，以攻击在政治上占有优势的讲经派僧徒。这无疑是孝文帝时代凉州僧团与徐州僧团斗争的继续。大体而言，从北魏到隋唐，虽政权屡经更迭，但统治主体始终为代北子孙和中原世族；佛教僧团虽互有消长，但上流师德依然是凉州、徐州系统法脉。

（五）武州山石窟寺译经与《付法藏因缘传》

十六国南北朝是佛经入华的第一高峰时期，长安、凉州、建康、平城、洛阳等都城三宝兴隆，译经不断。《释老志》曰：“昙曜又与天竺沙门常那邪舍等，译出新经十四部。”据隋费长房《历代三宝记》等书记载，自文成帝和平三年（462）至孝文帝太和十年（486），沙门统昙曜于北台石窟寺集诸僧众翻译经论，有《净度三昧经》《付法藏因缘传》《提谓波利经》《杂宝藏经》《大方广菩萨十地经》《方便心经》《大吉义咒经》《佛说称扬诸佛功德经》等。其中，以昙曜与西域三藏吉迦夜共译的《付法藏因缘传》最具影响。该传全面讲述了印度佛教的弘法历程，首次开列出释迦、迦叶、阿难、商那和修、忧波毱多、提多迦、弥遮迦、佛陀难提、佛陀蜜多、胁比丘、富那奢、马鸣、比罗、龙树、迦那提婆、罗睺罗、僧伽难提、僧伽耶舍、鸠摩罗驮、阇夜多、婆修槃陀、摩奴罗、鹤勒那、夜奢、师子等印度佛祖传法世系。日本学者关野贞、常盘大定在《山西云冈》（赵一德译）中讲：“昙曜的付法藏精神，由隋代的灵裕完整地继承下来，灵裕开的宝山石窟，在其内壁刻有世尊寂灭后传法圣师二十四祖像，就是按《付法藏因缘传》二十四祖刻的，灵裕以后尚有许多继承者。”我们认为，昙曜《付法藏因缘传》的翻译，开启了中国佛教祖师传灯思想的先河，唐代以后各佛学宗派盛行的立祖传宗方法即渊源于兹。

（六）《华严经》开始盛行

云冈石窟的开凿，是中国佛教思想体系渐臻完备的反映。关野贞、常盘大定讲：“昙曜请求文成帝开凿石窟五所，又是为太祖以下五帝而设，毋庸置疑。这样，五窟就含有五帝的灵庙的意义。……既有昙曜的付法藏精神，也有魏王室忏悔及追孝的动机，这样的因缘凑合，产生了千古的佛教艺术。而造像的指导思想，至少与佛传及《法华》《维摩》《金光明》《无量寿》《弥勒》

等大乘经卷有关，华严的思想也是有的。”关于《华严经》在平城的传播情况，《续高僧传》卷二十九记载：“太和初年，代京阉官自慨刑余，不逮人族，奏乞入山修道，有敕许之。乃赍一部《华严》，昼夜读诵，礼悔不息。夏首归山，至六月末，髭须尽生，复丈夫相，还状奏闻。高祖信敬由来，忽见惊讶，更增常日。于是大代之国《华严》一经，因斯转盛。并见侯君素《旌异记》。”按：《华严经》，沙门支法领从于阗携归胡本，420年天竺禅师佛驮跋陀罗于建康道场寺译出，卷帙浩繁，半个多世纪默默无闻。平城佛教中心形成后，各地僧侣无远而至，《华严经》的研读、传讲，遂为学术攻关项目，成为热门学问，从此奠定了唐代以降华严宗与华严学兴盛的基础。

（七）《四分律》的开讲

南北朝时期，中华僧侣奉行的是《僧祇律》。唐道宣《续高僧传》卷二十二论曰：“昙无德部《四分》一律，虽翻在姚秦，而创敷元魏。是由赤髭论主初乃诵传，未展谈授，寻还异域。此方学侣，竟绝维持。逮及覆、聪，方开学肆。……今则混一唐统，普行《四分》之宗。……自初开律释，师号法聪，元魏孝文北台扬绪，口以传授，时所荣之。沙门道覆，即绍聪绪，缵疏六卷，但是长科。至于义举，未闻于世。斯时释侣，道味犹淳，言行相承，随闻奉用，专务栖隐，不暇旁求。魏末齐初，慧光宅世，宗匠跋陀，师表弘理，再造文疏，广分衢术。学声学望，连布若云峰；行光德光，荣曜齐日月。每一披阐，坐列千僧，竞鼓清言，人分异辩，勒成卷帙，通号命家。……或传道于东川，或称言于南服。其中高第，无越魏都。”按：赤髭论主，指后秦姚兴时诵出《四分律》的罽宾高僧佛陀耶舍；法聪、道覆，北魏孝文帝时平城律匠；跋陀，天竺僧人，初在平城别设禅林，凿石为龛，后至洛阳，立少林寺；慧光，跋陀之徒。如此说来，《四分律》翻译于后秦长安，始兴于北魏平城，光大于北齐，普行于唐代。平城佛教在律藏方面的贡献，显而易见。

综上所述，北魏平城时代中华佛教中心的形成与确立，在中国佛教史上具有非常重要的里程碑意义，其继往开来的历史地位与作用不可低估。至于平城佛教与艺术对高句丽、日本国的影响，也逐渐为世人所认知。

云冈的供养天人与化生

佛教宣扬的佛国世界，是一片风调雨顺、五谷丰登、人民幸福、欣欣向荣和至高无上的净土。在那里，佛菩萨庄严殊盛，护法部众威严肃穆，供养天人虔诚敬仰、载歌载舞，一派欢乐祥和的气氛。因此，将如此美好的佛国传说转变为艺术形象与场景，令信仰者可观可赏、可思可想、感同身受、心向往之，是佛教美术的始终追求。其中，伴随在佛菩萨周围的供养天人与化生形象，便是佛教美术不可或缺的表现部分。在云冈石窟，这两种或两类造像，以多种形式遍布于洞窟壁面之上。

一、云冈的供养天人像

佛教中的天人，即天上之人。广义为佛教各色天界的生类总称，狭义为诸天世人。我们这里研究的“供养天人”，应该小于“诸天世人”概念，既属于佛教护法天众之一部分，但又不包括飞天（飞行天人）、梵天、金刚、力士、夜叉、化生等。表现在石窟中，专指佛菩萨周围呈现供养状的天人像。打个比方，佛菩萨就像我们今天电影故事片中的主角或配角，而供养天人则属于基本群众演员。因此，他们在云冈石窟各类造像中数量最多，大约超过了 6000 身。这些供养天人往往被设置在佛菩萨龛像内外周匝，以及龛楣、门楣、大佛背光内外、洞窟中层和下层等位置。他们或站或跪，或全身或半身，形象多样、活泼多姿，既起到了供奉、礼敬、拥戴、烘托主像，形成热烈的宗教气氛作用；也发挥出装点、装饰、庄严佛龛，乃至调节、助推和升华洞窟整体氛围的效果。

（一）昙曜五窟大佛背光内外壁面的供养天人

云冈最早的供养天人像，出现在昙曜五窟大佛的背光内外。由于早期洞窟的主题是十方三世一切诸佛，所以窟壁率先雕刻完成的是高大的主佛以及上部的环壁千佛；其余墙壁的众多佛龛，大约随后陆续补刻。诸窟主尊背光雕刻，仅有第 20 窟目前保存较好，外圈火焰纹之内，有化佛和半跪的供养天人；火焰纹之外，也有胡跪的供养天人（图 1）。他们脸庞丰满、身体壮硕、

图 1a　第 20 窟主佛像西侧的供养像

图 1b　第 20 窟主佛像东侧的供养像

衣裙裹体，各具头光；或佩项圈、璎珞、耳珰，或戴臂钏、手镯；发冠束带，但花冠简约。大多对称式分布，或合掌或捧物，面向大佛，庄严跪奉。个别也有双足站立外围者。总体而言，雕刻形象近似菩萨，但不够精细、准确，显得粗率而古拙。

第 17 窟的东、西大佛龛保存状况良好。东坐佛背光内外，均环列有半跪式供养天人，外围也有站立者。西立佛背光内无供养天人，他们对应分列于火焰纹外侧（图 2），雕刻精细，容貌喜悦可人，发髻不再笼冠，而是固定为高峨髻。也就是说，在这里，供养天人形象由最初第 20 窟的花冠菩萨式样，正式改变为高发髻样式。同时，人物身体结构趋于适中，全身动作更加协调，紧身衣服的阴刻线有条不紊，飘带流畅柔和。面庞丰满，而不累赘；五官舒展，而不堆凑。弯眉细长，鼻梁挺直，嘴角上翘，笑意盈盈，流露出对佛陀的无限敬仰和忠诚。

特别是位于西壁大佛龛两侧的供养天人像（图版 14 ~ 图版 16），属于云冈雕刻成熟期的优秀作品。与第 20 窟的供养天人相比，雕刻技艺和造型标准提升了很多，应系最具经验和艺术修养的匠师制作，其中富含了对佛教造像艺术的深刻理解。正是因为他们的努力，云冈石窟开始走向形象完美化、艺术经典化、窟龛多样化，代表、引领了一个时代的佛教艺术潮流。

（二）第 7、8 双窟，第 9 窟门窗之间的供养天人龛像

在窟壁重要位置为供养天人开龛，是第 7、8 双窟首创的特色设计。该双

窟后室南壁明窗与窟门之间，在长 4 米、宽 1.8 米的面积中，均设计雕刻了一个横长方形帷幔龛，内置供养天人 6 身，东、西各 3 身，对称排列。形象年轻美丽、端庄优雅，令人赏心悦目。

第 7 窟横龛的供养天人（图 3，图版 43），全部单腿胡跪，显示出对称的礼仪感。每位“淑女”眉目开朗、表情喜悦，是云冈供养天人群雕中最为出色的作品。第 8 窟的形象（图 4，图版 49）变化较大：首先是下肢的姿势，除两边对应者依然胡跪外，其余 4 身形象皆为自在坐姿，两膝向外分开，双脚向内相对，看起来比较自由而松散。在手势方面，也多有变化，从东数，第一位、第三位和第五位，俱为常见的双手捧物或合十于胸，其他三位手势全不相同。较第 7 窟群像，更加随意或有个性。从中可以感觉到，云冈师匠的创新意识和对美的造型追求。

图 2　第 17 窟西壁龛内侧供养天人之一

图 3　第 7 窟南壁横龛供养天人

图 4　第 8 窟南壁横龛供养天人

图 5　第 13 窟东壁第二层横排供养天人

类似的半跪式供养天人像，在随后开凿的第 9 窟后室南壁，改作 8 身，四四相对，被安置在明窗上缘和明窗下方的庑殿顶坐佛两侧。但是，形体缩小，重要性减弱。

（三）第 13 窟东、西壁的供养天人列像

第 13 窟的横龛列像式供养天人群像，在云冈达到登峰造极。洞窟底层的世俗供养人行列，我们在本套书的《佛弟子与供养人》中进行了介绍；而在世俗供养人的头顶之上，东壁横排雕刻出 9 身胡跪式供养天人（图 5，图版 99），面北排列，礼敬正壁主尊；西壁横排供养天人群像，大约早年风化，现今南端存留的明清壁画上有两身北向屈体而立的供养天人（图 6），第三身仅余一支右臂，表明了与东壁供养天人列像的对应布局关系。我们推测，当年包泥彩绘壁画时，画匠一定有所依据，可能部分遗刻犹可辨识，于是将风化的西壁供养天人像改绘为壁画。也就是说，北魏原有的东西壁第二层，均为对称设置的供养天人列像。

东壁的 9 身供养天人，单腿跪地，身材匀称，比例协调，造型优美。有的双手合十，有的手捧供物，有的手托博山炉。这种雕刻在洞窟“腰带”位置的横龛式供养天人列像，是云冈中期皇家石窟的卓越设计。它们以通栏形式，占据了洞窟壁面与观众视线平行的层位，浓重渲染出神圣、庄严的宗教氛围。

图 6　第 13 窟西壁第二层南侧两身供养天人

如此方式雕刻的供养天人列像，还出现在第 6 窟北壁底层，但身形、面向有所差异。晚期的第 36 窟，东、西、南三壁下层，均为分向排列的胡跪供养天人，形象与第 13 窟横龛造型一致。由此可见，云冈石窟中的横龛供养天人列像形式，一脉相承。大致从第 7、8 双窟门窗间发端，然后是第 9 窟明窗上下和第 13 窟窟壁下层，再后是第 6 窟、第 1、2 双窟底层，最后是第 36 窟。这些横壁雕刻的供养天人列像，供养、礼敬的是洞窟主尊佛像，不仅强调了

图 7 第 6 窟中心塔柱下层南面龛两侧第二层的供养天人

洞窟整体佛界关系，而且起到了平衡支撑上壁龛像、对应烘托洞窟气氛的装饰艺术效果。

另外，第 7、8 双窟内壁底层尚存风化的隐约人形，但无法确认其供养人性质；第 9、10 双窟前后室壁面下层，由于风化与包泥原因，也无法确认雕刻内容。

（四）第 6 窟造像龛内的供养天人

第 6 窟中心塔柱下层四面，均为盝形帷幔龛内套圆拱龛的重龛样式，属于云冈雕刻难度最大、繁华程度最高的佛龛类型。由于龛内进深较大，得以设置层层叠叠的诸天拱卫和供养人物。菩萨、弟子、金刚、天王、力士、供养、飞天、伎乐、化生、千佛等，形成了场面隆重的佛天盛景。其中，数量较多的供养天人被安排在龛内两侧壁面上。

以塔柱南面下龛为例，在坐佛两侧胁侍菩萨、弟子的头顶，雕刻出五层供养天人形象（图版 73），左侧 9 身，右侧 11 身。其一层至四层，均为三三两两并列者，或长跪或胡跪，皆高发髻，圆形头光，穿短襦、长裙，十字帔帛；双手合掌或单手上举，呈供养状。右侧第二层供养天人中间的一位扭头向后，似与后者私语，活泼可爱、别有情趣；左侧第二层中间一身，两手分开，姿态与两旁者不同（图 7）。需要关注的是：这里的天人服饰不同于昙曜五窟和第 7、8 双窟等早中期洞窟的同类形象，其身披帔帛及裙尾裹足，均雕刻为翅翼形，体现出云冈中晚期菩萨和供养天人的服饰特点。

（五）雕刻在门楣和龛楣内外的供养天人

第 5 窟窟门外的门楣两侧，对应雕刻了几身胡跪式供养天人。他们双手合掌或捧举长茎莲花（图 8），缘壁排列，形象优美。

图 8　第 5 窟外门楣上的供养天人

云冈较为常见的是雕刻在圆拱龛楣的供养天列像。在第 16 窟南壁门窗之间的两侧，对称雕出两铺方形帷幔内套坐佛圆拱龛，东龛龛楣内为 7 身坐佛，西龛龛楣内为中央一身坐佛、左右各 5 身供养天人像（图 9，图版 20、图版 21）。他们个个穿戴整齐，对称排列，半跪供奉。这大约是云冈最早出现在龛楣内的供养天人列像，他们与更加普遍的化佛龛楣对应出现。这两种圆拱龛龛楣雕刻形式，在第 7、8 双窟壁面的双龛布局中进一步发展，又出现了供养天人与飞天对应龛楣、飞天与化佛对应龛楣。其供养天圆拱龛楣内，中央为化佛坐像，亦有交脚像，两侧设置数量不等的单腿胡跪、双腿长跪或坐凳的供养天人。也有中央没有佛像者，单纯是两侧对应的跪姿供养天人列像。云冈中晚期洞窟中的供养天人龛楣，大约取法于此。

云冈中期的盝形龛，在龛楣格中，俱为飞天形象，寓意天宫。但是，在晚期的第 37 窟北壁交脚菩萨盝形龛的龛楣格内，却布满了供养天人和弟子比丘双层设置的半身列像。

无论是圆拱龛，还是盝形龛，在其方形铺面的左右上角空间内，总会单独出现或成群出现供养天人半身形象，他们双手持物或合十供养，也往往手

图 9　第 16 窟南壁西侧圆拱龛楣面供养天人列像

图 10 第 13 窟南壁西侧中层手持璎珞花绳的供养天人

持各种乐器作演奏状，是为音乐供养。另外，还有手持璎珞花绳的供养天人，出现在第 13 窟南壁西侧中层一铺方形帷幔内套坐佛圆拱龛两侧，均为胡跪姿势，双手高举璎珞花绳（图 10，图版 102）。这种“璎珞供养”的天人形象，在云冈较为少见。更为奇特的是：在晚期第 25 窟西壁圆拱坐佛龛楣上部，手牵璎珞的竟然是比丘。

（六）簇拥在立佛像两侧的供养天人

第 6 窟四壁上层的 11 铺一佛二菩萨方阵式群雕，表现的是佛陀游行教化团队的集体阵容（图 11）。华盖下的立佛精神抖擞，左右既有随行的胁侍菩萨，也有分立外侧的十大佛弟子，更多的是双手合掌或手持供养物，以及正在演奏各种乐器的供养天人。每铺群像内的供养天人为 30 身左右，紧密簇拥在佛陀周围（图版 78）。

（七）遍布佛龛周围的供养天人

云冈中后期，许多窟壁的龛像，已非单纯的佛龛，而是一铺方形或长方形的组合龛式。这种表达现在佛、过去佛或未来佛的不同组合，各具风采，特别是三世佛主题的庄严场景，内容丰富，形式华美，多姿多彩。

在第 11 窟南壁西侧中层，雕刻了一铺上方交脚盝形龛、下方二佛并坐圆拱龛的长方形组合龛（图 12，图版 93）。环龛四围皆为供养天人：上层横列八龛手持不同乐器的天宫伎乐半身像，底层 10 身供养天半身像五五对应，东西两侧各有竖向排列的 8 身胡跪供养天像。在上、下龛内外，胁侍、飞天、化佛、飞天伎乐、供养天人、莲花化生等环列，一派盛世隆重的佛国天象。如此繁华的龛铺，完整地反映出大乘佛学的宇宙时空维度和艺术思想。

图 11　第 6 窟东壁上层立佛团队造像

从严格意义上讲，天宫伎乐和飞天伎乐，也都属于供养天人范畴。本书中我们将其析出，予以专题论述。

（八）云冈供养天人造像特征及其变异个例

第 20 窟佛背光上的供养天人和化佛形象，大约是云冈最草率的雕刻，脸庞宽大而不端正，五官紧凑而失俊秀，发髻束带而花冠简陋，服饰、配饰线条紊乱，人体比例严重失常，显然属于工程失误。大约经过认真反思，或是一场血的教训后，局面彻底扭转。所以，到第 17 窟时，问题解决了，形象改善了。从此，云冈供养天人形象基本定型，趋于完美，且与菩萨造型区分开来。

中期供养天人，脸形方圆饱满，身材适中秀丽，造型丰富细腻。斜披络腋，下着长裙，出现了系结络腋和裙裤的结扣带，衣纹、飘带线条流畅柔和。云冈这一时期的供养天人与菩萨形象达到了完美程度（图 13，图版 99）。当此之时，在第 13 窟南壁东侧上层交脚菩萨龛两侧，出现一对身披佛衣，双手高举，屈膝踮脚的立姿供养天人（图 14）。她们一位头顶高髻，另一位头顶双髻，袈裟掩躯，俯首供养。这种装束的出现，似乎有些奇怪，但却成为云冈后期供养天人的服饰之一。

图 12 第 11 窟南壁西侧中层组合龛

图 13　第 13 窟东壁供养天人之一

图 14　第 13 窟南壁东侧上层龛两侧立姿供养天人

大约稍后的太和晚期，在第 11-17 窟的主佛身边，出现了秀骨清像式的菩萨与供养形象。其左右供养天人（图 15），双手捧物于胸，微屈前腿，踮脚而立。“V”形领、“U”形阴刻线袈裟下垂，过膝露出下衣。发髻素面简略，头光呈杏仁形，身材趋于清瘦。

云冈晚期人物造型更加消瘦，供养天人身躯甚至产生骨感，就连头光、发髻、飘带等，也变得飘逸、细长。例如第 19-2 窟主尊大佛背光内的供养天人（图 16）和化佛，虽然不失规范，但造像瘦长、拘泥，不再圆润、喜悦，令人产生某种失落的感觉。此外，在供养天人服饰上，有通肩僧衣，也有对

图 15　第 11-17 窟主佛两侧的供养天人

图 16a　第 19-2 窟主佛背光内右侧供养天人之一

图 16b　第 19-2 窟主佛背光内侧供养天人之一

领宽袖，腰间系带或不系带，下穿长裙，臂挎飘带。

二、云冈的各种化生像

佛教谓三界六道有情所生曰“四生”：即胎生、卵生、湿生、化生。释隋慧远《大乘义章》卷八曰：“言化生者，如诸天等，无所依托，无而忽起，名曰化生。若无依托，云何得生？如《地论》释：依业故生。”丁福保《佛学大辞典》“化生”条曰：“四生之一。谓依托无所，忽然而生者。如诸天、诸地狱，及劫初之人是也。”“极乐化生”条曰：“极乐之往生人，有胎生与化生二种。疑佛智而修种种善业之人，生于边地之宫殿，五百岁间不能闻见三宝，是名胎生。信佛智之人，随九品之行业，各化生于莲花中，身相光明顿具足，名曰化生。《无量寿经下》曰：“若有众生，明信佛智乃至胜智，作诸功德，信心回向，此诸众生，于七宝华中，自然化生，跏趺而坐，须臾之顷，身相光明，智慧功德，如诸菩萨，具足成就。”

云冈石窟的化生形象，正是由各种宝华中来，有莲花化生、蕉叶化生、忍冬化生、持璎珞（华绳）化生等。这些极乐化生，多出现在门楣、龛楣、浮雕塔顶等处，他们不仅表现出石窟装饰艺术的丰富，更渲染了大乘佛法之神奇。

（一）莲花极乐化生

在佛教中，莲花出污泥而不染，最为清净、吉祥。所以，佛座、华盖、须弥座、佛坐姿（交脚亦称莲花坐）、佛手印、佛菩萨头光、菩萨花冠等，以及各种装饰带、装饰图案，多采用莲花样式。可以说，云冈的莲花样式繁多，用途广泛，丰富多彩。而莲花极乐化生，只是其缤纷形态之一。

1. 第 18 窟立佛宝盖与第 9 窟盝形龛楣上的莲花化生

在第 18 窟东、西立佛的宝盖上缘，均分格雕刻了一环飞天与莲花化生像。其中央两格，为头部相对、腿脚相反的一对飞天。两侧格内，莲花化生与裸足飞天交替出现。其莲花化生，均为童子半身像，没有头光，从分散的莲叶中央涌出。西宝盖上化生童子的莲叶较少，东宝盖上的莲叶较多。这大约是云冈化生形象的最早样式，目的既有宗教意义，也有装饰作用。

类似的横幅飞天与化生像，随后出现于第 9 窟后室南壁东侧盝形龛的龛楣格内。这是一铺横长方形坐佛盝形龛，在龛楣的十格内，采用了飞天与化生交替雕刻形式。其化生形象虽为浅浮雕，图像不大，但造型完整。下环五片莲叶，涌出半身天人像，圆形头光，帔帛环绕，并向两侧飞扬，其动态与

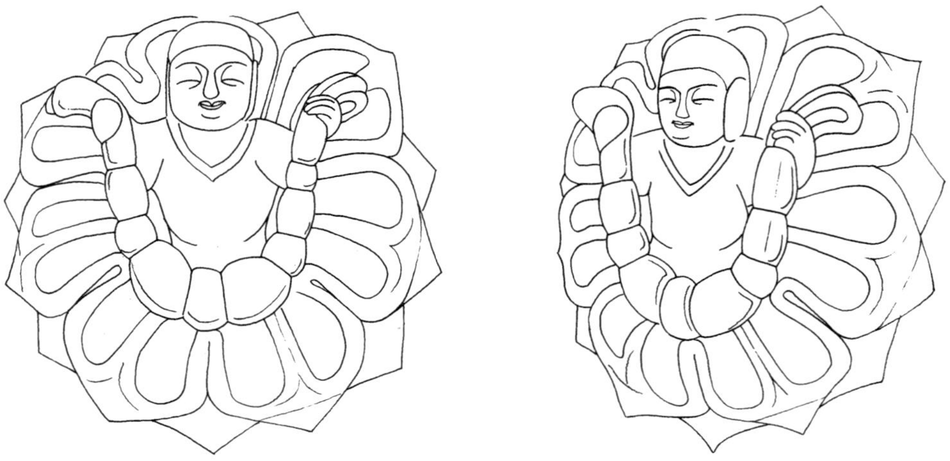

图 17 第 10 窟后室南壁门楣莲花化生童子

两旁的飞天一致。显然，云冈师匠不是墨守陈规，而是尝试一种更为新颖的表现形式。

2. 第 10 窟后室门额的高浮雕莲花化生

这是云冈化生雕刻中最精美的一处。在繁花似锦的宽大门楣之上，雕刻出 5 枚高浮雕“门簪”。其造型是在圆形双瓣式宝装莲花之中，钻出半身手持璎珞（花绳）的化生童子，他们似“天外来客”凸显于花纹门额之上（图 17，图版 134）。这些莲花童子，胸佩项圈，双手持举“U”形璎珞，个个憨萌可爱，神采奕奕。云冈工匠通过装銮华美的宫门，突出洞窟高贵、庄严、典雅的佛国气氛。显然，如此美轮美奂的花纹图案创作，必定属于千锤百炼的成熟作品，灵感来自现实，抑或胡汉织锦。至于手牵璎珞的化生形象，云冈尚有多种表现。

3. 第 5 窟窟门顶部的浅浮雕团莲化生

该窟门拱上部，两侧为枝繁叶茂的大树，树下二佛分别禅坐。拱顶呈现的虚空，雕刻了 4 身屈体向外的飞天；其间，还有大小不等的 5 朵双瓣团莲，莲中各有化生涌出（图 18）。这些仿佛随意散布的化生团莲，似乎是一个个飘浮不定的“精灵”，在茫茫天宇中，时隐时现，时远时近，如梦如幻。这种看似不经意的简约图像，实则反映出云冈艺术家对大乘佛学的深邃理解与高超的表现方式，准确、生动地展现出“依托无所，忽然而生”的化生特点，以及虚空无限、“无而欻有”的神奇造化。

4. 第 16 窟明窗东壁和第 9 窟前室单独雕刻的莲花化生

在第 16 窟明窗东壁的二佛并坐圆拱龛两侧，与方形帷幔两边束帘交接的空隙处，对应雕刻了一朵多叶莲台，台上涌出半身双手合十、具头光、环飘带的化生像，左像风化，右像完好（图 19a）。从全龛人物造型分析，大约属

图 18a 第 5 窟窟门顶部

图 18b 第 5 窟窟门顶部莲花化生

于云冈中期较早龛像。

相似或相近的莲花化生，出现在第 9 窟前室北壁和南壁。北壁明窗之西，突兀出现了一朵三叶莲花，上面涌出半身髡发、合掌化生（图 19b），形象活泼可爱。南壁西上隅东折面，也雕刻出一朵五叶莲花，上面涌出半身具头光、飘带的合掌化生（图 19c）。两者从其发式推测，当为夜叉形象；虽然莲叶雕刻形状不同，但均具随风飘动的势态，属于填空式设计的虚空化生。

5. 第 6 窟上层立佛像之间供养人群中的莲花化生

这是两位手捧供养物的半身化生天人，分别夹杂于东壁上层三立佛之间的供养人群下方间隙。他俩的面貌、头光、装束，与周围的供养天人完全一样；

图 19a　第 16 窟明窗东壁莲花化生

图 19b　第 9 窟前室北壁明窗莲花化生

图 19c　第 9 窟前室南壁西侧上隅莲花化生

图 20　第 6 窟上层立佛像之间的莲花化生

发髻高峨，短衣翼袖，涌现在一只长茎莲蓬之上（图 20）。诚如《佛说无量寿经》所谓“身相光明，智慧功德，如诸菩萨”，可能代表了佛陀游行教化所经之地的奇妙瑞祥。

6. 洞窟顶部的莲花化生

目前发现两例，均在云冈晚期洞窟中。一是第 33-3 窟，窟顶两侧飞天，中间一朵大型三重套装团莲（图 21）。中央团莲的八片莲瓣之上，雕刻出手牵手的 4 身化生童子。整个重莲，图案精美，盛大绽放。这种将宗教意义寓于图案性表达的设计造型，令人赞叹。二是第 38 窟，窟顶四周飞天，中央 4 身骑龙天人，环作圆形；龙首龙尾交接处，涌出 4 身莲蓬化生童子；中心高浮雕莲蕾，向东南、西南、西北、东北，涌出 4 身以右手托举骑飞龙天人的化生童子。这里并无上下左右之分，仿佛如一团云气，以莲蕾为中心，两组化生与飞龙天人共同构成一个紧凑有序、动感强烈的圆形空间，成为云冈独一无二的艺术杰作（图 22）。同时，将佛教关于宇宙、虚无、生命、运动、无常等哲学理念，演绎得淋漓尽致，给人以无限的遐想。

（二）塔柱顶上的蕉叶化生

从云冈中期开始，洞窟宫殿化趋势形成，第 7、8 双窟，第 9、10 双窟，第 5、6 双窟，第 1、2 双窟，以及第 11、12、13 一组三窟和第 3 窟。佛塔的表现随之增多，从窟外石塔到窟内中心塔柱，从窟前塔形列柱到壁面浮雕塔，蔚为大观，气象万千。洞窟内的中心塔柱，展现了四面八方的佛陀胸怀，提

图 21　第 33-3 窟窟顶团莲中的莲花化生

图 22　第 38 窟窟顶中心的莲花化生

供给信徒绕塔礼拜的仪式空间；窟壁的浮雕塔，成为间隔佛龛，甚至发挥出支撑与稳定洞窟立面雕刻框架的作用；石窟前室的佛塔形列柱，洞窟壁龛的天宫列柱，充分体现了弥勒兜率世界的庄严特征。其中，不少塔柱之顶，中心为化生形象，两侧为渐次舒展的蕉叶装饰。这种塔顶或柱头极乐化生，大约与欧洲盛行的科林斯柱头同源而异趣。

著名佛教考古学家马歇儿先生[1]，在《犍陀罗佛教艺术》书中，介绍了一件出土于巴基斯坦斯瓦特的“科林斯柱头”（图 23），该柱头的叶形装饰物中，探出半身人物雕像。他讲：

图 23　科林斯柱头（斯瓦特考古博物馆藏；奈良国立博物馆“奈良丝绸之路展览会”图录，1988 年）

如果确有模仿的话，与其认为东方模仿西方，倒不如说是西方模仿了东方，因为在早期印度派的作品中，就喜好这一种题材：活泼的药叉或提婆从叶丛或花朵中探出身来。我们不妨举出一件实物为证：桑奇窣堵坡西门南侧柱上就有著名的“生命和吉祥之树”，时间为公元前 1 世纪。显然，这一构思极有可能是通过佛教艺术中这一拿手题材进入犍陀罗艺术的。

1　约翰·休伯特·马歇儿（1876—1958），英国考古学家。剑桥大学毕业，曾在希腊、土耳其等地进行考古发掘。1902 年至 1931 年任印度考古勘察总监，主持了桑奇大塔、鹿野苑佛寺、呾叉始罗、哈拉帕和摩亨佐达罗等大型遗址的发掘。

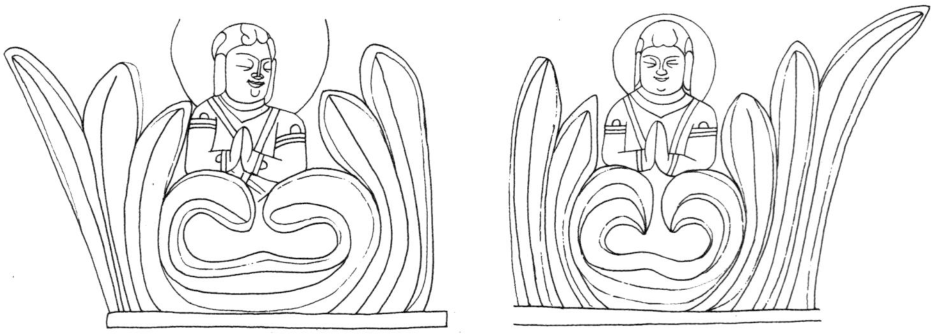

图 24　第 7 窟窟门两侧的方形塔顶蕉叶化生童子

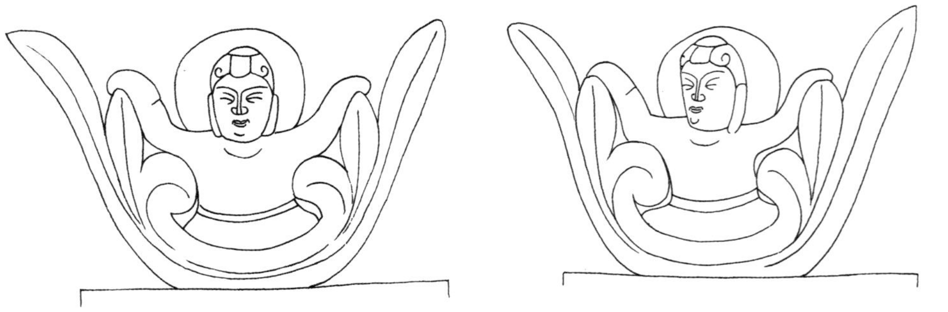

图 25　第 12 窟前室北壁塔形龛柱上的化生童子

图 26　第 6 窟中心塔柱上层九重塔顶部的蕉叶化生童子

也就是说，极乐化生形象被安置于希腊科林斯柱头之上，是受印度佛教艺术的影响。犍陀罗佛教建筑形成的这一创新样式，后来传入中国，成为云冈石窟佛塔、佛柱的初始形式之一，并且影响了中国早期方塔的顶刹样式。

云冈的蕉叶化生形象，最早集中出现在第 7、8 双窟下层塔柱的顶部。其中，第 7 窟窟门两侧的方形塔顶上雕刻十分精彩（图 24）。化生童子双手合十，从山花蕉叶中央涌出半身；两侧的蕉叶为避让旁边的神像，减少了一片叶子，但左右整体相互对称。这种洞窟整体设计中的对称形式之美感，只有亲临现场方能领略其妙。

此外，在第 12 窟前室北壁窟门两侧上方盝形龛下，四根三层塔形龛柱的顶部，均雕刻为蕉叶化生。其蕉叶中的化生童子双手分开，抚压蕉叶（图 25），形象发生了多样形变化。还有，第 9 窟前室西壁与第 10 窟前室东壁上层的交脚弥勒天宫，其支撑庑殿顶的两根四层塔柱上，都有山花蕉叶化生，但形象较小。

形象较大的蕉叶化生像，出现于第 6 窟中心塔柱上层四角的九重镂空塔顶。该层四面塔形龛，上部被平行的垂幔围拢；四角的九重塔顶造型，只能从立佛龛内看到须弥座及其上面的蕉叶化生。由于内部雕刻的仅为方塔顶部造型之一角，因此两个露面展示的均为一位半身化生童子和一侧山花蕉叶（图 26）。

图 27　第 9 窟前室南壁东侧列柱双夜叉

图 28　第 11 窟中心塔柱塔顶山花蕉叶化生阿修罗王

除了涌出上半身的化生像，山花蕉叶中还有全身显示的舞姿夜叉出现，分别在第 9、10 双窟和第 12 窟窟前双列柱上。第 9、10 双窟列柱的狮子驮承须弥座基台的莲花纹带之上，山花蕉叶向两侧卷曲伸展，中央为舞蹈状的双夜叉；第 12 窟列柱基台上，山花蕉叶之间为单夜叉。他们全部为索头辫发，短裤帔帛，手舞足蹈，仿佛从天而降，欢喜可爱（图 27）。

云冈最大的蕉叶化生形象，在第 11 窟中心塔柱顶部。该窟的中心塔柱属于没有出檐的四方塔，比第 6 窟中心塔柱更加原始。塔身两层，下层南面为一立佛二菩萨，其余三面各一立佛；上层南面为交脚菩萨和左右思惟菩萨，其余三面各为二立佛。塔顶部分，下为须弥座，上为四面浮雕，俱作山花蕉叶化生像（图 28）。这是云冈独一无二的大型极乐化生雕刻，蕉叶中涌出者，既不是童子，也不是普通的供养天人，而是长着三头四臂，一手捧物于胸，两手高举日月的大梵天形象。他们出现在佛塔顶端，正与窟顶的飞龙、祥云相呼应，共同展现出壮丽的佛天景象。

（三）手持璎珞的单体化生表现

除了前述第 10 窟后室门簷莲花化生童子手持璎珞之外，单体出现的手举璎珞的化生童子像，一在第 6 窟。其中心塔柱上层四面立佛的背光上隅夹角处，即东南、西南、西北、东北四上角，北魏工匠均铲出一个抹角平面，呈倒三角形状，雕刻了一位化生童子半身像。由于单体造型，体形较大，而面目清晰，饱满可爱。他们头顶索发，佩戴项圈、臂钏、手镯；五官秀丽，双手持举“U”形璎珞，欢喜敬佛（图版 147）。但是，这一特别位置专设的化生雕刻，没有出现莲花，也无帔帛，只能理解为璎珞化生。

二在第 12 窟，为中央化生童子与两侧飞天共牵璎珞花绳的图像。其前室西壁中层的三间式屋形龛，大约属于云冈师匠将兜率天宫转化为中国式建筑的新尝试。中央明间为交脚弥勒佛，两侧梢间为倚坐佛。在明间帷幔上，中间一位莲花化生半身像，左右各有 2 身飞天，五像共牵璎珞花绳；而左右梢间帷幔，各缩减为一化生二飞天，三像共牵璎珞的图像。由此分出主次关系和装饰差别，共同呈现出一派佛国世界璎珞供养的繁荣景象。

（四）手牵璎珞花绳的化生列像

中期皇家石窟的核心思想，是营造富丽堂皇的弥勒兜率天宫盛景。因此，规整的布局，繁华的设计，不可或缺。飞天、伎乐、列佛、化生、供养天，以及各种几何、花草、动物纹饰，均被多方变化、广泛应用。其中，璎珞化生童子像的雕刻，饶有风趣。

用鲜花编织的璎珞花绳，至今是印度人礼敬贵客之物。云冈石窟中飞天或化生手持花绳的组合图像，往往被雕刻在一些特定位置，表达天地通感，具有浓厚的艺术装饰意味。

1. 须弥山中手牵璎珞的化生列像

在第 9 窟前室南壁东侧高处和第 10 窟前室南壁西侧高处，由大象承驮的须弥山宫殿造型的上部，各保存有 4 身化生童子并列手牵璎珞像。而第 10 窟前室北壁门窗之间的大型须弥山故事图像（图 29），其底层 13 座峰峦之间，雕刻出 12 位半身童子像。他们皆具圆形头光，或戴项圈、臂钏和腕镯等，双手合胸，手牵璎珞，共同组成连续“V”形璎珞装饰带，并与山中的虎、狼、

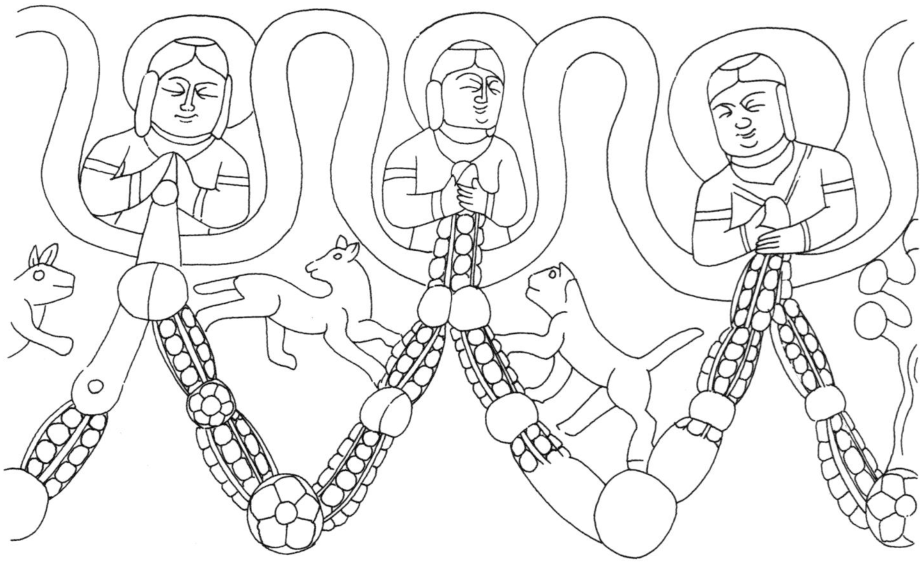

图 29　第 10 窟前室北壁窟门上方手牵璎珞化生童子

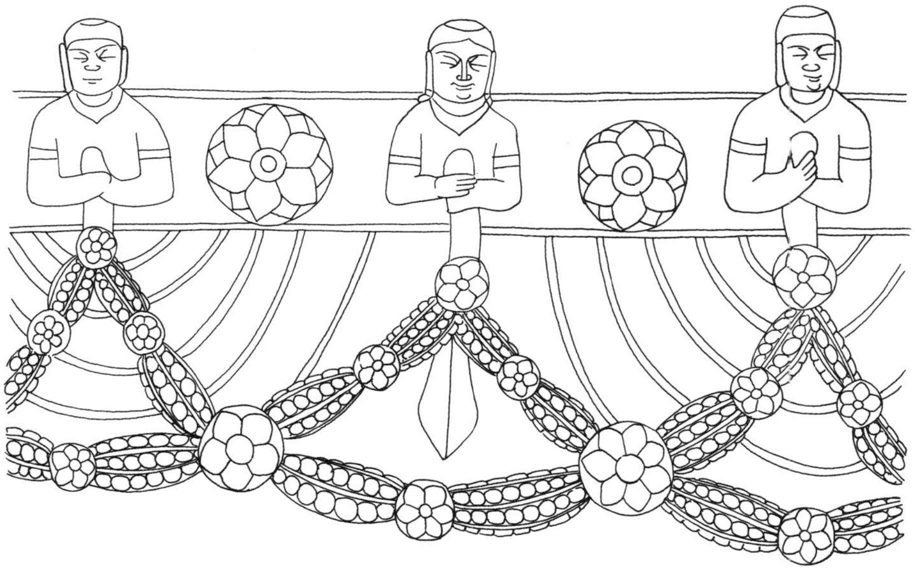

图 30 第 6 窟西壁上层手牵璎珞的化生童子

鹿、鸟、树等动植物，以及下方忍冬、联珠、火焰等纹样一起，形成内容丰富的须弥山底部场景，烘托了整体壮丽画面。

2. 洞窟高壁手牵璎珞的化生列像

在装饰华美的第 6 窟四壁最上层，代表天际线或天界标志的装饰带，由四层不同纹饰图案组成（图 30）。底层是并列的双瓣莲叶带，二层是并列舟形背光坐佛带，三层为莲花化生手牵璎珞带，顶层为圆拱龛天宫伎乐并列带。造型繁复，但层次分明。特别是一个个双手合握璎珞的化生童子，索头、配饰，五官端正、笑意盈盈。化生童子之间，各雕一朵团形莲花，形成横向“二方连续”装饰纹带；童子所牵的下垂璎珞，雕刻为“V”形与“U”形交叉图案，与第 9、10 双窟南壁上隅璎珞化生造型相同，而较第 10 窟北壁须弥山中化生童子手牵的“V”形璎珞，更加繁华多姿。因此，成为云冈普遍采用的璎珞花绳样式。

3. 第 9 窟北壁主尊大佛宝盖内侧窟顶的璎珞化生

这大约是云冈诸窟中体型最大的璎珞化生列像，出现在窟顶悬雕的大佛弧形宝盖的内侧，总共并列五位手持璎珞的化生半身像（图 31）。他们皆具头光，络腋、飘带，中央者双手高举“U”形璎珞，两侧者一手高举、一手低挽，形成对应的弧形璎珞，展示出不同的动态差异，以表达其天顶的虚空性质。

4. 佛龛上方的手牵璎珞化生童子

一是盝形龛帷幔上的莲花化生。在第 6 窟中心塔柱下层四面的重龛中，盝形龛楣下垂的帷幔，由璎珞花绳连成八个“U”形边缘。拉起连续弧形璎珞的，是七位半身莲花化生童子。他们分别被固定“点缀”在盝形龛下折角或直边

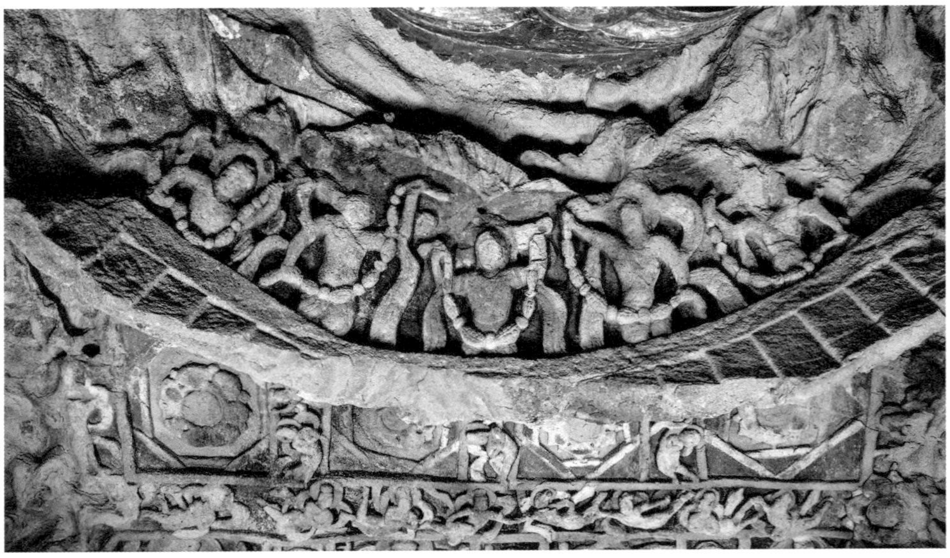

图 31　第 9 窟后室主尊大佛宝盖内侧的手牵璎珞化生

中央位置，恰好将花绳均匀分配，而形成美丽的连弧图像。这些手牵璎珞的化生童子，面相端正，略带微笑，皆具头光；身穿短袖小襦，双手合捧璎珞。他们有的头顶剃发，有的头顶索发，还有的头顶双丫髻，个别腰部雕出一圈莲瓣，以示莲花极乐化生也。

二是圆拱龛上方铺面的化生像。在第 11 窟南壁门窗之间，居中为一铺方形内套倚坐佛圆拱龛，龛上横排四层装饰带。最上为并列小龛天宫伎乐；其下为横排 23 身捧牵璎珞花绳的化生童子，各具头光、帔帛；下面两层，俱为并列小龛坐佛像。这样的龛顶四层装饰带，大约效仿第 6 窟四壁上部装饰带样式，而稍异之。当然，也有更加简略的形式，如第 13 窟东壁上层的两个并列圆拱龛上方，各横排雕出 13 位手牵璎珞的半身化生像。

图 32　第 11 窟南壁门窗间圆拱龛龛楣

（五）忍冬枝头莲花化生和化生树

在第 11 窟南壁门窗间西侧，是一铺竖长方形组合龛，上为交脚菩萨盝形龛，下为二佛并坐圆拱龛。其圆拱龛的龛楣内（图 32），中央一位莲花化生像，从其双肩伸出环形忍冬枝条，向两侧延伸；于是形成两侧对应的四位较小的莲花化生像，且被缠枝忍冬的环圈包围。但仔细观察，每朵化生莲花都由忍冬枝蔓“长出”，竟然是一种忍冬、莲花与人物相连接、异类互相转化的浮雕图案。在给人以不可思议的感觉同时，将整个像龛装饰得异常华美，充满神奇匠心。

然而，神奇的动植物转化不止于此，更有化生树、音乐树浮雕表现。这两种形式，一是在单枝忍冬树梢，长出两朵莲花化生童子，其出现在第 18 窟南壁西侧（图 33，图版 159）；二是在枝繁叶茂的大树上，化生出多位有莲花或无莲花的乐伎，其出现在第 38 窟东、西壁下层（图 34）。

第 18 窟的化生树，构图简单，但寓意深刻，是大乘佛教思想与艺术创造的神妙之作。第 38 窟的 4 棵音乐树，构图复杂，充满浪漫，是对大乘佛学“万物有灵、无所不能”理念的生动描绘。这样的经律异相，属于中国早期石窟寺中的特色珍品。

图 33　第 18 窟南壁西侧中层化生树

图 34　第 38 窟东壁龛下音乐树

（六）环状忍冬、龙形图案中的化生形象

如果说，上述云冈化生有所依凭，出于莲华、蕉叶、璎珞、忍冬等，侧重于点缀、装銮和烘托窟龛的佛国气氛。那么，雕刻在第 9、10 双窟宫殿式大门和第 6 窟门楣、门柱上的化生形象，似乎更加“无中生有”，意义仅在于装饰本身。

1. 第 9 窟前室北壁窟门横梁、立柱上的化生

首先是 5 朵高浮雕团莲门簪，将门楣分作六等分。门簪之间，是 4 个浅浮雕的椭圆形套圭式忍冬图案，其中各有 2 身自在坐姿或舞蹈姿势的化生夜叉。他们头带圆光，身挎飘带，上身斜披络腋，下穿犊鼻裈，身形壮硕、舞姿灵巧（图 35）。同时，门楣两侧斜面的竖向波状忍冬间，也分别浮雕出一鸟一舞姿化生，其西侧舞者上衣为对襟小衫，共计 10 身化生夜叉。

该窟门立柱外侧面，内平外斜，雕刻风化较重，但可以看到外侧斜面上的纵向波状延长忍冬内，出现有舞姿化生夜叉；而立柱正面，与窟门横梁下面及立柱东、西侧面，宽度均等，均浅浮雕为圆形与六边形图案（图 36）。其中，圆形内双忍冬之上为化生夜叉，六边形内双忍冬之上为禽与兽间隔出现。

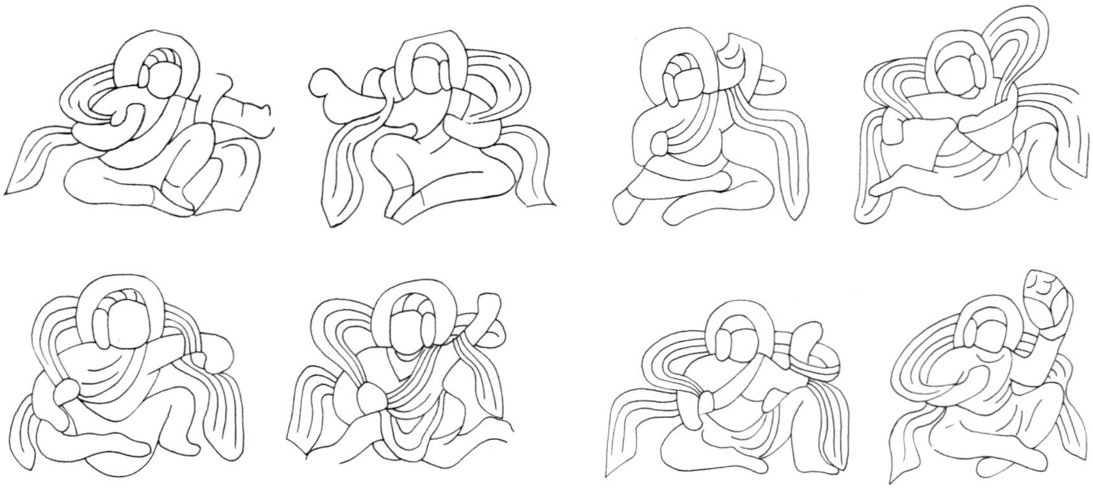

图 35　第 9 窟前室北壁窟门门楣忍冬内双化生像

图 36　第 9 窟窟门立柱化生像

2. 第 10 窟前室窟门横梁、立柱上的化生

该处门楣、立柱外形，与第 9 窟全同，但立面雕刻发生变化。一是 5 枚团莲门簪间的 4 个椭圆形忍冬，不再出现套圭形框，内里仅雕刻 1 身化生夜叉（图 37），连同两侧斜面的 1 身化生，共计 6 身化生夜叉。这些舞者形象，与第 9 窟全同。

门柱正斜面上的浅浮雕保存较好，斜面为纵向波状忍冬纹，每段均有一身舞姿化生夜叉；正面为竖性连续的二龙合围式圆形图案，内部亦有一身舞姿化生夜叉。其中，个别化生仅雕出人形轮廓，仿佛裸体。与立柱正面等宽的门梁底面和立柱东、西侧面，同样呈现的是连环二龙圆形图案，圆内也是一身舞姿化生夜叉。总之，与第 9 窟保持了差异。

3. 第 10 窟后室窟门横梁、立柱上的化生

不同于第 9 窟后室门拱，第 10 窟后室依然是宫殿式方形敞门。同样繁缛的浅浮雕装饰图案，但又有新的变化。此处浮雕的保存状态最好：门楣横梁上 5 朵门簪，改换为高浮雕莲花化生童子，生动可爱；其间的 4 个椭圆形忍冬图案中，依然各雕 1 身化生夜叉舞者，形象清晰（图 38）；两侧的斜面忍冬间，各为一龙一凤。

立柱外侧斜面纵向波状忍冬纹中，俱为动物；立柱正面、侧面以及横梁底面，全部改为对波形忍冬纹，或曰间歇出现的枣核（槟榔）形忍冬纹，内部均为禽鸟瑞兽次第出现。

以上双窟的三处方形宫殿式敞门，唯有第 9 窟门上出现庑殿顶造型；而所有门楣、立柱虽大体相同，但表面雕刻似是而非，各具特色，各不相同。横梁上部斜面，两窟同为连环状忍冬纹，但第 9 窟连环忍冬内为三叶，第 10

图 37　第 10 窟前室北壁窟门门楣化生

图 38　第 10 窟后室窟门门楣化生像

窟为五叶，而在第10窟后室改为波状忍冬，其间出现禽兽和博山炉。如此繁复、精益求精的设计与雕刻，只有认真研究后，方能理解。北魏师匠的良苦用心，令人拍案称奇、叹为观止！

4. 第 6 窟窟门门楣、立柱的化生夜叉（图 39）

该窟也采用了方形窟门，但简化了门楣与立柱造型。单纯的横梁上，5 枚门簪仅为团莲，并未高凸；其间与两侧为浅浮雕的 6 个椭圆形，由二龙对称组合而成，内部各呈现 1 身夜叉像。所施色彩，都是后世涂抹。两边的立柱正面，为纵向连续的环状忍冬纹，环内是交替出现的禽与兽。

横梁底面与立柱内侧，被清代添置的木门框遮挡，从缝隙中窥视，大约也是浅浮雕花纹图案。窟内边缘，只有竖向连环禽兽忍冬纹，而无横梁，没有出现窟门形式。

上述三座方形窟门的门楣与立柱雕刻，繁花似锦，美不胜收。但最有趣的，应是忍冬纹或龙形纹中的化生夜叉形象。他们穿短裤，挎飘带，坐姿、站姿

图 39　第 6 窟窟门

俱为舞姿。或双人舞，或单人舞，往往动作协调、连贯，停留在一个个精彩的舞蹈瞬间。尽管今天的我们并不知道这些舞蹈动作属于“西凉乐”还是“龟兹舞”，但那一定是北魏平城最流行的时尚表演。将来如有行家里手对云冈雕刻在洞窟不同部位的夜叉舞姿进行观摩、演习，或许可以复原若干久已消失的非物质文化遗产。

最后，我们想说：云冈石窟中“铺天盖地”呈现天宫的意境与天人形象，在早期印度佛教和犍陀罗艺术中是罕见的。一方面说明大乘佛学诞生较晚，在西域形成的势力并非强大；另一方面表明，云冈石窟的不同凡响：是鸠摩罗什在中华确立大乘佛学一统天下地位之后，首次大规模、全方位的石窟寺建设，创造性、形象化地展现出比小乘佛学更为宽阔、博大、融通、神奇和灵异的佛国世界与大乘宇宙。其中，形形色色的诸天人物终登“大雅之堂”，成就了云冈佛教艺术的辉煌顶峰。静夜思量，昙曜大师，一位何等伟大的领航者！

图版一

早期供养天人

图版 1　第 20 窟东立佛头光外佛龛右上隅供养天人

图版 2　第 20 窟东立佛头光外侧龛右上隅供养天人

图版 3　第 20 窟东立佛头光外上层龛右侧供养天人

图版 4　第 20 窟东立佛头左侧头光内的供养天人

图版 5　第 19-1 窟南壁东侧中层圆拱龛外供养天人

图版 6a　第 19-1 窟主尊右侧立菩萨光云外上方供养天人

图版 6b　第 19-1 窟主尊左侧立菩萨光云外上方供养天人

图版 7a　第 19-2 窟北壁上层圆拱龛及其龛外供养天人

图版 7b　第 19-2 窟北壁上层圆拱龛右上隅供养天人

图版 7c　第 19-2 窟北壁上层圆拱龛左上隅供养天人

图版 8　第 18 窟西壁立佛宝盖南侧圆拱龛外供养天人

图版 9a　第 18 窟南壁明窗东侧中层圆拱联龛右侧供养天人

图版 9b　第 18 窟南壁东侧上层圆拱龛外右侧供养弟子

图版 10a　第 18 窟南壁明窗东侧上层圆拱龛及其龛外供养天人

图版 10b　第 18 窟南壁明窗东侧第 4 层圆拱龛外左侧供养天人

图版 11　第 18 窟南壁明窗东侧上层圆拱龛外供养天人

图版 12　第 18 窟南壁明窗西侧中层左侧圆拱龛外供养天人

图版 13　第 17 窟西壁立佛身光外侧供养天人

图版 14　第 17 窟西壁立佛身光右侧供养天人之一

图版 15　第 17 窟西壁立佛身光右侧供养天人之二

图版 16　第 17 窟西壁立佛身光左侧供养天人之一

图版 20a　第 16 窟南壁西侧中层圆拱龛右侧龛楣内供养天人和龛外供养天人乐伎

图版 20b　第 16 窟南壁西侧中层圆拱龛左侧龛楣内供养天人和龛外供养天人乐伎

图版 21a　第 16 窟南壁西侧中层圆拱龛龛楣内供养天人之一

图版二

中期供养天人

图版 27　第 19 窟南壁东侧下层左侧圆拱龛龛楣外供养天人

图版 28　第 19 窟窟门东壁下层右侧圆拱龛外供养天人

图版 29a　第 19-2 窟主佛右侧头光及供养天人

图版 29b　第 19-2 窟主佛左侧头光及供养天人

图版 29c　第 19-2 窟主佛头光右侧供养天人之一

图版 29d　第 19-2 窟主佛头光左侧供养天人之一

图版 30a　第 19-2 窟主佛身光右侧供养天人之一

图版 30b　第 19-2 窟主佛身光左侧供养天人之一

图版 31　第 18 窟南壁窟门东侧中层左端盝形龛下部供养天人

图版 34　第 17 窟南壁下部东侧中层右侧龛外供养天人

图版 35　第 17 窟南壁中部东侧下层圆拱龛外右侧供养天人

图版 36　第 17 窟窟门东壁中层北侧圆拱龛外供养天人

图版 37　第 16 窟窟门东壁上层圆拱龛外供养天人

图版 38　第 16 窟窟门东壁坐佛龛下供养天人

图版 39　第 7 窟后室东壁上层南侧圆拱龛龛内佛光左右供养天人

图版 40　第 7 窟后室南壁中层东侧圆拱龛龛楣内供养天人

图版 41　第 7 窟后室西壁中层北侧龛坐佛右侧供养天人

图版 42a 第 7 窟后室西壁上层南侧圆拱龛及龛内供养天人

图版 42b　第 7 窟后室西壁上层南侧圆拱龛内右侧供养天人

图版 42c 第 7 窟后室西壁上层南侧圆拱龛内左侧供养天人

图版 43a　第 7 窟后室南壁窟门上方供养天人龛

图版 43b　第 7 窟后室南壁窟门上方龛内供养天人之一

图版 44a　第 7 窟后室南壁西侧上层龛右上隅供养天人

图版 44b　第 7 窟后室南壁西侧上层龛左上隅供养天人

图版 45a 第 7 窟后室南壁东侧上层龛内右侧供养天人

图版 45b 第 7 窟后室南壁东侧上层龛内左侧供养天人

图版 46　第 8 窟后室东壁南侧中层圆拱龛龛楣内供养天人

图版 47a　第 8 窟后室东壁南侧中层龛主尊右侧供养天人

图版 47b　第 8 窟后室东壁南侧中层龛主尊左侧供养天人

图版 48　第 8 窟后室东壁南侧上层龛主尊两侧供养天人

图版 49　第 8 窟后室南壁窟门上方供养天人龛

图版 50a　第 8 窟后室南壁东侧上层龛主尊右侧供养天人

图版 50b　第 8 窟后室南壁东侧上层龛主尊左侧供养天人

图版 50c　第 8 窟后室南壁东侧上层龛主尊右侧供养天人之一

图版 50d　第 3 窟后室南壁东侧上层龛主尊左侧供养天人之一

图版 51a　第 9 窟前室北壁明窗上部

图版 51b　第 9 窟前室北壁明窗楣外右侧供养天人

图版 51c　第 9 窟前室北壁明窗楣外左侧供养天人

图版 52　第 9 窟前室北壁明窗东侧圆拱龛内二佛间供养天人

图版 53　第 9 窟前室北壁明窗西侧圆拱龛内二佛间供养天人

图版 54a　第 9 窟前室北壁明窗西侧盝形龛

图版 54b　第 9 窟前室北壁西侧盝形龛龛楣外右上隅供养天人

图版 54c　第 9 窟前室北壁西侧盝形龛龛楣外左上隅供养天人

图版 55a　第 9 窟前室东壁中层双龛及其楣面上方供养天人

图版 55b　第 9 窟前室西壁中层双龛及其楣面上方供养天人

图版 56　第 9 窟后室南壁明窗上方供养天人

图版 57　第 9 窟后室南壁窟门上方供养天人

图版 58a　第 9 窟后室南壁明窗东壁坐莲菩萨及两侧供养天人

图版 58b　第 9 窟后室南壁明窗东壁坐莲菩萨右侧供养天人

图版 58c　第 9 窟后室南壁明窗东壁坐莲菩萨左侧供养天人

图版 59a　第 10 窟前室北壁窟门上方须弥山右侧供养天人

图版 59b　第 10 窟前室北壁窟门上方须弥山左侧供养天人

图版 63a　第 10 窟前室西壁南侧中层盝形龛及龛内和龛楣上方供养天人

图版 63b　第 10 窟前室西壁中层南侧盝形龛内右侧供养天人

图版 63c　第 10 窟前室西壁中层南侧盝形龛内左侧供养天人

图版 64　第 10 窟前室西壁中层南侧盝形龛上方供养天人

图版 65a　第 10 窟后室南壁东侧中层屋形龛内供养天人

图版 65b 第 10 窟后室南壁东侧中层屋形龛内供养天人之一

图版 66a　第 10 窟后室南壁东侧上层圆拱龛两侧供养天人

图版 66b　第 10 窟后室南壁东侧上层圆拱龛右侧供养天人之一

图版 67a　第 5 窟窟门外沿口右侧上方供养天人

图版 67b　第 5 窟窟门外沿口左侧上方供养天人

图版 68　第 5 窟西壁南侧中层圆拱龛外供养天人

图版 69　第 5 窟西壁上层圆拱龛龛楣右上隅供养天人

图版 70　第 5 窟西壁北侧上层圆拱龛外供养天人

图版 71　第 5 窟南壁窟门东侧圆拱龛外供养天人

图版 72　第 5 窟南壁明窗东侧圆拱龛楣面内供养天人

图版 74a　第 6 窟中心塔柱南面下层龛内右侧供养天人

图版 74b　第 6 窟中心塔柱南面下层龛内左侧供养天人

图版 75　第 6 窟中心塔柱南面下层盝形龛外两上隅供养天人

图版 76a　第 6 窟中心塔柱北面下层盝形龛外右侧上隅供养天人

图版 78b　第 6 窟西壁南侧上层龛左侧供养天人

图版 79a 第 6 窟东壁南侧中层龛两梢间内供养天人

图版 79b　第 6 窟东壁南侧中层龛右梢间内供养天人

图版 79c　第 6 窟东壁南侧中层龛左梢间内供养天人

图版 80　第 6 窟东壁南侧中层盝形龛龛楣外胡人貌供养天人

图版 81a　第 6 窟南壁东侧中层龛右侧供养天人

图版 81b　第 6 窟南壁东侧中层龛左侧供养天人

图版 85　第 1 窟中心塔柱南面下层圆拱龛楣面内供养天人

图版 36　第 2 窟东壁中层北端圆拱龛龛楣内供养天人

图版 87　第 11 窟西壁南端中层并列圆拱龛外供养天人

图版 88 第 11 窟西壁南端中层圆拱龛外供养天人

图版 89　第 11 窟西壁南端中层屋形龛上供养天人

图版 94　第 11 窟前室北壁东侧上层圆拱龛外供养天人

图版 95　第 12 窟前室南壁明窗上供养天人

图版 96　第 12 窟后室西壁南侧下层供养天人

图版 97　第 12 窟后室东壁上层北侧龛龛楣左侧供养天人

图版 98　第 12 窟后室南壁东侧中层龛两侧供养天人

图版 99a　第 13 窟东壁供养天人（1）

图版 99b　第 13 窟东壁供养天人（2）

图版 100　第 13 窟东壁南侧上层圆拱龛外供养天人

图版三

晚期供养天人

图版 105a 第 14 窟前室西壁中层龛龛楣外右侧供养天人

图版 105b 第 14 窟前室西壁中层龛龛楣外左侧供养天人

图版 106　第 14 窟前室西壁中层供养天人

图版 107　第 14 窟前室西壁中层南侧交脚菩萨两侧供养天人

图版 108a　第 15 窟西壁中层北侧圆拱龛楣外两侧供养天人

图版 108b 第 15 窟西壁中层北侧圆拱龛楣外右侧供养天人

图版 109　第 16-1 窟北壁中层中龛与东龛之间的供养天人

图版110　第16-1窟北壁上层圆拱龛外左侧供养天人

图版 111　第 25 窟西壁圆拱龛外供养天人

图版 112　第 25 窟东壁圆拱龛楣面内供养天人

图版 113　第 27 窟西壁下层南龛外供养天人

图版 114　第 27 窟东壁下层南龛楣外右上隅供养天人

图版 115　第 27 窟东壁中层南龛楣外右隅供养天人

图版 116　第 27-2 窟东壁盝形龛外供养天人

图版 117　第 28 窟东壁圆拱龛外左端供养天人

图版 124c　第 18 窟主尊立佛手握法衣

图版 124d　第 18 窟主尊立佛左手臂衣袖

图版 125a　第 18 窟东壁立佛顶上宝盖上格内的飞天与化生像（1）

图版 125b　第 18 窟东壁立佛顶上宝盖上格内的飞天与化生像（2）

图版 125c　第 18 窟西壁立佛顶上宝盖上格内的飞天与化生像（3）

图版 126a　第 18 窟南壁东侧中层盝形龛楣

图版 126b　第 18 窟南壁东侧中层盝形龛楣局部

图版 126c　第 18 窟南壁西侧中层盝形龛楣

图版 125d　第 18 窟南壁西侧中层盝形龛楣局部

图版 127a　第 9 窟后室南壁东侧下层盝形龛龛楣局部

图版 127b　第 10 窟后室南壁盝形龛龛楣局部

图版 128a　第 19-1 窟西壁南侧盝形龛龛楣及其龛柱头

图版 128b　第 19-1 窟西壁南侧盝形龛右侧柱头

图版 129a　第 7 窟窟门西壁塔顶上的化生像

图版 129b　第 7 窟窟门东壁塔顶上的化生像

图版 130a　第 7 窟后室西壁下层双龛间塔顶化生像

图版 130b　第 8 窟后室东壁下层双龛间塔顶化生像

图版 131a 第 10 窟前室东壁屋形龛右龛柱顶部化生像

图版 131b 第 10 窟前室东壁屋形龛左龛柱顶部化生像

图版 132a　第 12 窟前室北壁西侧中层盝形龛右龛柱柱头化生像正面

图版 132b　第 12 窟前室北壁西侧中层盝形龛左龛柱柱头化生像侧面

图版 133　第 6 窟中心塔柱上层东南阁楼式塔顶西侧化生像

图版 134a　第 10 窟后室窟门门楣

图版 134b　第 10 窟后室窟门门楣化生童子（1）

图版 134c　第 10 窟后室窟门门楣化生童子（2）

图版 134d　第 10 窟后室窟门门楣化生童子（3）

图版 134e　第 10 窟后室窟门门楣化生童子（4）

图版 134f　第 10 窟后室窟门门楣化生童子（5）

图版 134g　第 10 窟后室窟门门楣化生童子（6）

图版 135a　第 5 窟窟门顶部莲花化生像（1）

图版 135b　第 5 窟窟门顶部莲花化生像（2）

图版 135c　第 5 窟窟门顶部莲花化生像（3）

图版 135d　第 5 窟窟门顶部莲花化生像（4）

图版 136　第 33-3 窟顶部

图版 142　第 9 窟前室南壁东侧上层手牵璎珞化生像

图版 143a　第 12 窟前室西壁屋形龛明间上方化生、飞天合牵璎珞

图版 143b　第 12 窟前室西壁屋形龛右梢间上方化生、飞天合牵璎珞

图版 143c　第 12 窟前室西壁屋形龛左梢间上方化生、飞天合牵璎珞

图版 144a　第 11 窟南壁窟门上方倚坐佛圆拱龛装饰图案中的化生像

图版 144b　第 13 窟东壁中层坐佛龛上方化生像

图版 144c　第 13 窟东壁中层二佛并坐龛上方化生像

图版 145a　第 6 窟东壁上层天宫伎乐列龛下众化生手牵璎珞图（1）

图版 145b　第 6 窟东壁上层天宫伎乐列龛下众化生手牵璎珞图（2）

图版 145c　第 6 窟东壁上层手牵璎珞化生像

图版 148a　第 6 窟中心塔柱上层佛光间的化生像（4）

图版 148b　第 6 窟中心塔柱上层佛光间的化生像（5）

图版 149a　第 11 窟南壁西侧中层圆拱龛

图版 149b　第 11 窟南壁西侧中层圆拱龛楣局部

图版 15Ca 第 16 窟南壁西侧圆拱龛右侧托举龛柱化生像

图版 150b 第 16 窟南壁西侧圆拱龛左侧托举龛柱化生像

图版 151a　第 16 窟南壁东侧中层坐佛龛下托举博山炉化生像

图版 151b　第 16 窟南壁西侧中层坐佛龛下托举博山炉化生像

图版 154b　第 9 窟前室北壁门楣化生像（1）

图版 154c　第 9 窟前室北壁门楣化生像（2）

图版 154d　第 9 窟前室北壁门楣化生像（3）

图版 154e　第 9 窟前室北壁门楣化生像（4）

图版 154f　第 9 窟前室北壁门楣西侧面化生像

图版 154g　第 9 窟前室北壁门楣东侧面化生像

图版 155a　第 10 窟前室北壁窟门门楣龙形纹内化生像（1）

图版 155b　第 10 窟前室北壁窟门门楣龙形纹内化生像（2）

图版 155c　第 10 窟前室北壁窟门门楣龙形纹内化生像（3）

图版 155d　第 10 窟前室北壁窟门门楣龙形纹内化生像（4）

图版 156a　第 10 窟后室窟门门楣全身像化生像（1）

图版 156b　第 10 窟后室窟门门楣全身像化生像（2）

图版 156c　第 10 窟后室窟门门楣全身像化生像（3）

图版 156d　第 10 窟后室窟门门楣全身像化生像（4）

图版 157　第 9 窟窟门顶部北侧装饰纹样中的化生像

图版 158a　第 10 窟后室南壁窟门上缘化生鸟（1）

图版 158b　第 10 窟后室南壁窟门上缘化生鸟（2）

图版 158c　第 10 窟后室南壁窟门上缘化生鸟（3）

图版 158d　第 10 窟后室南壁窟门上缘化生龙（3）

图版 158e　第 10 窟后室南壁窟门上缘化生龙（1）

图版 158f　第 10 窟后室南壁窟门上缘化生龙（2）

图版 158g　第 10 窟后室南壁窟门上缘化生鸟（4）

图版 158h　第 10 窟后室南壁窟门上缘化生龙（4）

图版 158i　第 10 窟后室窟门楣右端化生龙鸟

图版 158j　第 10 窟后室窟门楣左端化生龙鸟

图版 160c　第 7 窟后室东壁上层坐佛及其背光间的化生像（2）

图版 161a　第 8 窟后室北壁上层天宫伎乐连龛上隅的化生像

图版 161b　第 9 窟前室北壁西侧上层伎乐连龛及其龛间上隅的化生像

图版 161c　第 11 窟东壁南侧上层天宫伎乐联龛间上隅的化生像